**저자의 말**

중국어를 배우는 것은 새로운 문을 여는 것과 같아서, 문 뒤에는 놀라움이 가득한 미지의 세계가 펼쳐져 있습니다. 이 책은 여러분을 이 멋진 세계로 이끄는 황금 열쇠가 될 것입니다. 중국어의 발음, 한자, 어법은 한국어와 많이 다를 수 있지만, 흥미와 인내심을 가지고 이 책을 공부하다 보면, 여러분은 어려움을 극복하고 원하는 수준의 발전을 이룰 수 있을 것입니다.

이 책은 한국어와 중국어의 특징을 결합하여 발음과 어휘, 어법을 더 쉽게 이해할 수 있도록 도와줍니다. 책에는 풍부한 문화 지식뿐만 아니라, 중국인들의 일상이 잘 녹여져 있어서 언어를 배우는 동시에 중국 문화의 매력까지 느낄 수 있을 것입니다.

이 책을 배우는 과정에서 한자, 성조, 어법과 같은 어려움에 직면할 수 있지만, 좌절하지 마세요. 왜냐하면, 모든 한자는 그림처럼 독특한 이야기를 담고 있고, 모든 중국어는 시처럼 풍부한 감정을 전달하기 때문입니다. 배움이 깊어질수록 여러분은 점차 중국어의 매력을 발견하고 그 안에서 오는 성취감을 즐길 수 있을 것입니다.

여러분의 학습 과정이 더욱 쉽고 재미있기를 바라며 매 과의 본문, 어법 속 예문, 그리고 연습 문제를 정성껏 설계했습니다. 일을 위해서든, 유학을 위해서든, 아니면 단순히 중국어와 중국 문화에 대한 관심에서든, 이 책이 여러분의 중국어 학습에 큰 도움이 될 수 있을 것이라고 믿습니다.

중국어를 배우는 과정에서 언어 능력을 키우는 것뿐만 아니라 더 넓은 시야도 가질 수 있기를 바랍니다. 기억하세요. 모든 노력은 새로운 성과를 가져다 줍니다. 여러분이 중국어 학습의 길에서 점점 더 멀리 나아가 이 도전과 즐거움이 가득한 여정을 즐기기를 바랍니다!

왕러

이 책의 순서

저자의 말	3
이 책의 순서	4
이 책의 구성 및 활용	6

1과 衣食住行 의식주행	본문1	可以没有对象， 但必须要有"饭搭子" 연애 상대는 없어도 '밥 친구'는 필요해요	(1) 然而 (2) 甚至 (3) 동사+不下去	10
	본문2	什么是低碳生活？ 저탄소 생활이란?	(1) 尽量/尽可能 (2) 将 (3) 为A做出B的贡献	14
2과 形象管理 이미지 관리	본문1	防晒很重要 자외선 차단은 정말 중요해요	(1) 每当A来临的时候 (2) 达到A的效果 (3) 所+동사+的	22
	본문2	不长肉的方法 살찌지 않는 법	(1) 引起 (2) 取得 (3) 不仅A，还B	26
3과 大学生活 대학 생활	본문1	专业不喜欢，我怎么办？ 전공이 마음에 안 드는데, 저 어쩌죠?	(1) 以及 (2) 在A看来 (3) 即使A，也B	34
	본문2	与同学一起做兼职 동창과 함께 아르바이트 해요	(1) 在A期间 (2) 或者 (3) 给A留下B	38
4과 娱乐生活 여가 생활	본문1	旅行是团建的最佳选择 여행은 팀 빌딩(Team Building)을 위한 최상의 선택	(1) 往往 (2) 式 (3) 由此	46
	본문2	周末宅家追剧 주말에 집콕하며 드라마 몰아보기	(1) 跟随 (2) 作为A (3) 关于A	50

과		제목	문법	쪽
5과 科技生活 과학기술 생활	본문1	用手机摄影记录生活 스마트폰 촬영으로 일상 기록하기	(1) 用A去B (2) 称为A (3) 无论A，都/也B	58
	본문2	智能翻译可信吗？ AI 번역, 믿을 수 있을까요?	(1) 在A内 (2) 由于A，而B (3) 只是A，不是B	62
6과 文化生活 문화 생활	본문1	Chill文化，你了解吗？ Chill 문화를 아시나요?	(1) 意味着 (2) 正在+동사 (3) 不仅仅A，更B	70
	본문2	花钱"代抢"博物馆的免费票 유료 '대리 티켓팅'으로 박물관 무료 입장권 구하기	(1) 迎来A热潮 (2) 在于A (3) 要想(要是)A，就B	74
7과 网络经济 인터넷 경제	본문1	网红对产品的影响力 제품에 미치는 인플루언서의 영향력	(1) 以此 (2) 从而 (3) 倾向于A	82
	본문2	网店与实体店 온라인 쇼핑몰과 오프라인 매장	(1) 之一 (2) 其 (3) 一味地	86
8과 职场生活 직장 생활	본문1	领导发脾气怎么办？ 상사가 화낼 때 어떻게 해야 하나요?	(1) 之所以A，是因为B (2) 说A就A (3) 有助于A	94
	본문2	告诉领导不喜欢加班 야근 거부하기	(1) 是A，而不是B (2) 是否 (3) 用A来B	98

부록

독해 실력 check! ——— 106
단어 실력 check! ——— 114
본문 해석 ——— 118
정답 및 모범답안 ——— 126
단어 색인 ——— 132

이 책의 구성 및 활용

본책

본문 만나기 1, 2

일상에서 자주 접할 수 있는 친근한 주제들로 구성된 독해 본문입니다. 본문 내용을 잘 이해했는지 체크할 수 있는 확인 문제도 제시되어 있습니다.

중급편은 HSK 4~5급 수준의 단어들로 구성되어 있고, 본문 바로 아래에 새 단어를 배치하여 모르는 단어를 바로 확인할 수 있도록 했습니다.

어법 만나기

독해 문장 속 주요 어법들을 간결하게 설명하고 예문과 함께 제시하여 학습자들이 쉽게 이해할 수 있도록 했습니다.

문제 만나기

각 과에서 배운 핵심 표현을 이해하고 연습할 수 있는 다양한 문제들이 제시되어 있습니다.

내 글씨로 **독해 즐기기**

본문 속 핵심 문장들을 따라 쓰며 글씨 연습을 해 볼 수 있도록 했습니다.

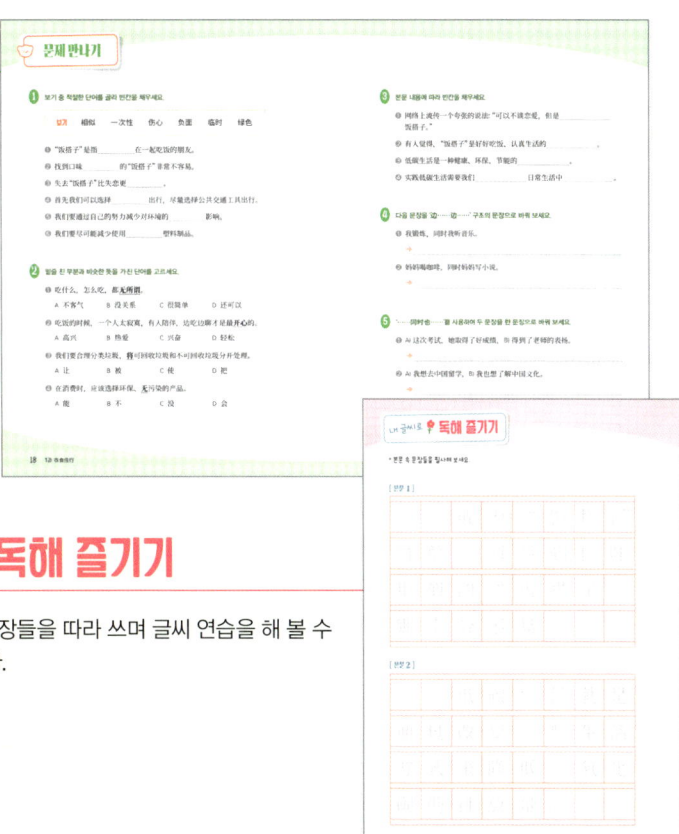

부록

독해 실력 check!

각 과의 핵심 문장을 해석하며 자신의 독해 실력을 체크해 보는 연습 문제입니다. 문장 속 주요 어법을 힌트로 제공했고, 모르는 단어도 다시 한번 확인해 볼 수 있도록 했습니다.

단어 실력 check!

본문 속 주요 단어들을 잘 공부했는지 체크해 보는 연습 문제입니다.

7

MP3 음원   교재 페이지마다 해당 MP3 음원의 QR코드가 기재되어 있습니다. 네이티브 중국인 저자가 직접 녹음한 음원을 반복해서 들으며 공부해 보세요.

MP3 다운로드
- MP3 음원은 '다락원 홈페이지(www.darakwon.co.kr)'를 통해서 무료로 다운로드하실 수 있습니다.
- 스마트폰으로 QR코드를 스캔하면 MP3 다운로드 및 실시간 재생 가능한 페이지로 바로 연결됩니다.

1과 衣食住行
의식주행

본문 1 可以没有对象，但必须要有"饭搭子"
연애 상대는 없어도 '밥 친구'는 필요해요

본문 2 什么是低碳生活？
저탄소 생활이란?

可以没有对象，但必须要有"饭搭子"
Kěyǐ méiyǒu duìxiàng, dàn bìxū yào yǒu "fàndāzi"

"搭子"是一种方言，是指临时在一起的朋友，"饭搭子"
"Dāzi" shì yì zhǒng fāngyán, shì zhǐ línshí zài yìqǐ de péngyou, "fàndāzi"

是指临时在一起吃饭的朋友。然而❶，成为"饭搭子"简单，
shì zhǐ línshí zài yìqǐ chīfàn de péngyou. Rán'ér, chéngwéi "fàndāzi" jiǎndān,

而找到口味相似的"饭搭子"则十分不易。网络上甚至❷
ér zhǎodào kǒuwèi xiāngsì de "fàndāzi" zé shífēn búyì. Wǎngluò shàng shènzhì

🌸 새단어

对象 duìxiàng 애인, 결혼 상대 ◆ 必须 bìxū 반드시 ~해야 한다, 꼭 ~해야 한다 ◆ 饭搭子 fàndāzi 밥 친구 ◆ 搭子 dāzi 파트너, 친구 ◆ 方言 fāngyán 방언, 사투리 ◆ 临时 línshí 임시, 잠시 ◆ 然而 rán'ér 그렇지만, 그러나, 그런데 ◆ 口味 kǒuwèi 맛, 입맛 ◆ 相似 xiāngsì 닮다, 비슷하다 ◆ 十分 shífēn 매우, 대단히 ◆ 不易 búyì 쉽지 않다, 어렵다 ◆ 甚至 shènzhì 심지어, 더욱이

流传一个夸张的说法："可以不谈恋爱，但是不能没有饭搭子。"
liúchuán yí ge kuāzhāng de shuōfa: "kěyǐ bù tán liàn'ài, dànshì bù néng méiyǒu fàndāzi."

没有"饭搭子"，再美味的食物也吃不下去❸，有的人失去
Méiyǒu "fàndāzi", zài měiwèi de shíwù yě chī bú xiàqù, yǒude rén shīqù

"饭搭子"比失恋更伤心。
"fàndāzi" bǐ shīliàn gèng shāngxīn.

那么，我们为什么需要"饭搭子"？有的人是出于对美食的
Nàme, wǒmen wèi shénme xūyào "fàndāzi"? Yǒude rén shì chūyú duì měishí de

热爱。既想每顿饭多吃一些菜，又怕点菜太多吃不完，怎么办？
rè'ài. Jì xiǎng měi dùn fàn duō chī yìxiē cài, yòu pà diǎncài tài duō chī bù wán, zěnme bàn?

当然是多找几个"饭搭子"分享呀！人越多，点的菜越多，
Dāngrán shì duō zhǎo jǐ ge "fàndāzi" fēnxiǎng ya! Rén yuè duō, diǎn de cài yuè duō,

费用大家一起拿，也不会太贵。有的人是为了排解孤独，
fèiyong dàjiā yìqǐ ná, yě bú huì tài guì. Yǒude rén shì wèile páijiě gūdú,

对于他们来说，吃什么，怎么吃，都无所谓。吃饭的时候，
duìyú tāmen láishuō, chī shénme, zěnme chī, dōu wúsuǒwèi. Chīfàn de shíhou,

一个人太寂寞，有人陪伴，边吃边聊才是最开心的。
yí ge rén tài jìmò, yǒu rén péibàn, biān chī biān liáo cái shì zuì kāixīn de.

◆ 流传 liúchuán 유전하다, 널리 퍼지다 ◆ 夸张 kuāzhāng 과장하다, 과장하여 말하다 ◆ 说法 shuōfa 의견, 견해 ◆ 谈恋爱 tán liàn'ài 연애하다 ◆ 美味 měiwèi 맛있는 음식, 맛이 좋다 ◆ 食物 shíwù 음식물 ◆ 失去 shīqù 잃다, 잃어버리다 ◆ 失恋 shīliàn 실연(하다) ◆ 伤心 shāngxīn 상심하다, 슬퍼하다, 마음 아파하다 ◆ 出于 chūyú ~에서 나오다, ~에서 발생하다 ◆ 美食 měishí 맛있는 음식 ◆ 热爱 rè'ài 열렬히 사랑하다, 애정, 애착 ◆ 点菜 diǎncài 요리를 주문하다 ◆ 怎么办 zěnme bàn 어떻게 하나, 어쩌지 ◆ 当然 dāngrán 당연하다, 당연히, 물론(이다) ◆ 分享 fēnxiǎng 함께 나누다, 공유하다 ◆ 费用 fèiyong 비용, 지출 ◆ 排解 páijiě 해결하다, 달래다 ◆ 孤独 gūdú 고독하다 ◆ 无所谓 wúsuǒwèi 상관없다, 관계없다, 아랑곳없다 ◆ 寂寞 jìmò 적적하다, 쓸쓸하다 ◆ 陪伴 péibàn 동반하다, 함께 있다

还有人觉得，"饭搭子"是好好吃饭、认真生活的代名词。
Hái yǒu rén juéde, "fàndāzi" shì hǎohǎo chīfàn、rènzhēn shēnghuó de dàimíngcí.

一个人吃饭，有时为了方便，常常随便吃一点。但当有
Yí ge rén chīfàn, yǒushí wèile fāngbiàn, chángcháng suíbiàn chī yìdiǎn. Dàn dāng yǒu

"饭搭子"陪伴时，就可以认真点菜，这是忙碌生活中的一丝
"fàndāzi" péibàn shí, jiù kěyǐ rènzhēn diǎncài, zhè shì mánglù shēnghuó zhōng de yìsī

慰藉。所以简单地说，"饭搭子"就是一起吃饭的朋友，对象
wèijiè. Suǒyǐ jiǎndān de shuō, "fàndāzi" jiùshì yìqǐ chīfàn de péngyou, duìxiàng

可以没有，但每一个人都需要朋友。
kěyǐ méiyǒu, dàn měi yí ge rén dōu xūyào péngyou.

😊 확인하기

1. '밥 친구'는 무슨 뜻일까요?
   ❶ 一起吃饭的朋友　　❷ 兴趣相投的朋友
   ❸ 一起做饭的朋友　　❹ 口味相似的朋友

2. '밥 친구'는 무엇의 대명사일까요?
   ❶ 需要朋友　　❷ 排解孤独
   ❸ 享受美食　　❹ 认真生活

代名词 dàimíngcí 대명사 • **随便** suíbiàn 마음대로 하다, 좋을대로 하다 • **忙碌** mánglù 바쁘다, 분주하다 • **一丝慰藉** yìsī wèijiè 일말의 위안, 작은 위안 • **相投** xiāngtóu 서로 맞다, 의기투합하다 • **享受** xiǎngshòu 향수하다, 누리다, 즐기다

어법 만나기

❶ 然而 그렇지만, 그러나, 그런데

문장의 시작이나 중간에 사용하여 앞의 상황과 반대되는 사실이나 관점을 이끌어내며, 전환 또는 대조를 나타낸다. '不过, 但是, 可是' 모두 용법은 거의 동일하나, '可是'와 '不过'는 주로 구어에, '然而'은 서면어에 많이 사용되며, '但是'는 서면어와 구어에 모두 사용된다.

- 这本小说前半部分内容很紧张，然而后半部很轻松。
  Zhè běn xiǎoshuō qiánbàn bùfen nèiróng hěn jǐnzhāng, rán'ér hòubànbù hěn qīngsōng.
  이 소설의 전반부 내용은 매우 긴박하지만 후반부는 매우 경쾌하다.

- 工作环境虽然很差，然而大家并不生气。
  Gōngzuò huánjìng suīrán hěn chà, rán'ér dàjiā bìng bù shēngqì.
  근무 환경은 매우 좋지 않지만 다들 전혀 화를 내지 않는다.

❷ 甚至 심지어, 더욱이

'甚至'는 부사로 쓰일 때는 특별한 사례를 강조하며, 뒤에 종종 '都, 也'와 함께 쓰인다. 접속사로 쓰일 때는 '不但'과 짝꿍으로 쓰여 '不但……甚至'의 구조로 점층 관계를 나타낸다.

- 他胖多了，甚至他的妈妈都不认识他了。
  Tā pàngduō le, shènzhì tā de māma dōu bú rènshi ta le.
  그는 살이 많이 쪄서 심지어 그의 엄마도 그를 못 알아봤다.

- 我们这里的人，不但大人，甚至小孩子都会游泳。
  Wǒmen zhèlǐ de rén, búdàn dàren, shènzhì xiǎoháizi dōu huì yóuyǒng.
  우리 이곳의 사람들은 어른뿐만 아니라 심지어 어린아이도 수영을 할 줄 안다.

❸ 동사+不下去 ~할 수 없다

여기서 '下去'는 방향보어이다. 방향보어는 사물이 이동하는 방향을 나타내며, 파생의 의미로는 '下去' 앞의 동사가 나타내는 동작이 지금부터 미래까지 지속된다는 것을 의미한다. 부정형은 '不下去'이다.

- 我太累了，真的走不下去。
  Wǒ tài lèi le, zhēnde zǒu bú xiàqù.
  나는 너무 힘들어서 더 이상 걸을 수가 없다. (지금부터 걸을 수가 없다)

- 虽然失败了，但是他还是要坚持下去。
  Suīrán shībàile, dànshì tā háishi yào jiānchí xiàqù.
  비록 실패했지만 그는 여전히 견지해 나가려고 한다. (지금부터 미래까지 견지하다)

什么是低碳生活?
Shénme shì dītàn shēnghuó?

低碳生活，是指日常生活中尽量❶减少能量的
Dītàn shēnghuó, shì zhǐ rìcháng shēnghuó zhōng jǐnliàng jiǎnshǎo néngliàng de

使用。具体地说，低碳生活就是通过改变一些生活方式来
shǐyòng. Jùtǐ de shuō, dītàn shēnghuó jiùshì tōngguò gǎibiàn yìxiē shēnghuó fāngshì lái

降低二氧化碳的排放量。低碳生活是一种健康、环保、
jiàngdī èryǎnghuàtàn de páifàngliàng. Dītàn shēnghuó shì yì zhǒng jiànkāng、huánbǎo、

새단어

低碳生活 dītàn shēnghuó 저탄소 생활, 친환경적 생활 ◆ **日常生活** rìcháng shēnghuó 일상생활 ◆ **尽量** jǐnliàng 되도록, 최대한, 가급적 ◆ **减少** jiǎnshǎo 줄이다, 감소하다 ◆ **能量** néngliàng 에너지 ◆ **具体** jùtǐ 구체적이다 ◆ **降低** jiàngdī 낮추다, 내리다 ◆ **二氧化碳** èryǎnghuàtàn 이산화탄소(CO2) ◆ **排放量** páifàngliàng (액체나 기체의) 배출량

节能的生活方式，通过减少碳排放来保护我们的生存环境。
jiénéng de shēnghuó fāngshì, tōngguò jiǎnshǎo tànpáifàng lái bǎohù wǒmen de shēngcún huánjìng.

首先我们可以选择绿色出行，尽量❶选择公共交通、自行车或步行出行，减少汽车的使用。其次，避免水资源的浪费，合理使用水源。然后，尽可能❶减少使用一次性塑料制品，例如，塑料袋、塑料餐具等等。还要合理分类垃圾，将❷可回收垃圾和不可回收垃圾分开处理。最后，在消费时，应该选择环保、无污染的产品；尽量选择包装少的商品，减少浪费；尽量避免购买过多的食物和衣物；

Shǒuxiān wǒmen kěyǐ xuǎnzé lǜsè chūxíng, jǐnliàng xuǎnzé gōnggòng jiāotōng, zìxíngchē huò bùxíng chūxíng, jiǎnshǎo qìchē de shǐyòng. Qícì, bìmiǎn shuǐzīyuán de làngfèi, hélǐ shǐyòng shuǐyuán. Ránhòu, jǐnkěnéng jiǎnshǎo shǐyòng yícìxìng sùliào zhìpǐn, lìrú, sùliàodài, sùliào cānjù děngděng. Háiyào hélǐ fēnlèi lājī, jiāng kěhuíshōu lājī hé bù kě huíshōu lājī fēnkāi chǔlǐ. Zuìhòu, zài xiāofèi shí, yīnggāi xuǎnzé huánbǎo, wúwūrǎn de chǎnpǐn; jǐnliàng xuǎnzé bāozhuāng shǎo de shāngpǐn, jiǎnshǎo làngfèi; jǐnliàng bìmiǎn gòumǎi guòduō de shíwù hé yīwù;

- 节能 jiénéng 에너지를 절약하다
- 碳排放 tànpáifàng 탄소 배출
- 生存环境 shēngcún huánjìng 생존 환경
- 选择 xuǎnzé 선택(하다)
- 绿色出行 lǜsè chūxíng 녹색 모빌리티, 친환경 교통수단
- 步行 bùxíng 걸어서 가다, 도보로 가다
- 出行 chūxíng 외출하여 멀리 가다
- 避免 bìmiǎn 피하다, 모면하다
- 水资源 shuǐzīyuán 수자원
- 浪费 làngfèi 낭비하다
- 合理 hélǐ 합리적이다
- 水源 shuǐyuán 수원
- 尽可能 jǐnkěnéng 되도록, 될 수 있는 한
- 一次性 yícìxìng 일회용
- 塑料制品 sùliào zhìpǐn 플라스틱 제품
- 例如 lìrú 예를 들면, 예컨대
- 塑料袋 sùliàodài 비닐봉지
- 餐具 cānjù 식기
- 分类 fēnlèi 분류(하다)
- 可回收 kěhuíshōu 재활용
- 分开 fēnkāi 나누다, 구별하다
- 处理 chǔlǐ 처리하다
- 无污染 wúwūrǎn 오염 배출이 없다
- 包装 bāozhuāng 포장(하다)
- 过多 guòduō 너무 많다
- 衣物 yīwù 옷과 일상용품

要根据自己的需求购买，避免浪费。
yào gēnjù zìjǐ de xūqiú gòumǎi, bìmiǎn làngfèi.

实践低碳生活需要我们从日常生活中做起。
Shíjiàn dītàn shēnghuó xūyào wǒmen cóng rìcháng shēnghuó zhōng zuòqǐ.

通过我们自己的努力可以减少对环境的负面影响，同时也
Tōngguò wǒmen zìjǐ de nǔlì kěyǐ jiǎnshǎo duì huánjìng de fùmiàn yǐngxiǎng, tóngshí yě

可以提高生活质量和幸福感。让我们共同参与到
kěyǐ tígāo shēnghuó zhìliàng hé xìngfúgǎn. Ràng wǒmen gòngtóng cānyù dào

低碳生活中来，为❸保护地球环境做出❸自己的贡献❸。
dītàn shēnghuó zhōng lái, wèi bǎohù dìqiú huánjìng zuòchū zìjǐ de gòngxiàn.

😊 확인하기

1. 다음 중 저탄소 생활에 속하지 않는 것은 무엇일까요?
    - ❶ 节能的生活方式
    - ❷ 忙碌的生活方式
    - ❸ 环保的生活方式
    - ❹ 尽量减少使用能量

2. 저탄소 생활을 실천하기 위해 우리는 어떻게 해야 하나요?
    - ❶ 要按时扔掉垃圾
    - ❷ 提高生活质量
    - ❸ 从日常生活中做起
    - ❹ 对未来要有计划

根据 gēnjù 근거(하다), 의거하다, 따르다 ◆ **需求** xūqiú 수요, 필요, 요구 ◆ **实践** shíjiàn 실천(하다), 실행(하다), 이행(하다) ◆ **从……做起** cóng……zuòqǐ ~부터 시작하다 ◆ **负面** fùmiàn 나쁜 면, 부정적인 면 ◆ **质量** zhìliàng 질, 품질, 질량 ◆ **幸福感** xìngfúgǎn 행복감 ◆ **共同** gòngtóng 함께, 다같이 ◆ **参与** cānyù 참여하다, 가담하다 ◆ **贡献** gòngxiàn 공헌(하다), 기여(하다), 이바지하다 ◆ **按时** ànshí 제때에, 제시간에 ◆ **扔掉** rēngdiào 던져버리다, 내버리다

어법 만나기

① 尽量 / 尽可能 되도록, 가능한 한

'尽量'은 주어진 환경이나 상황에서 최선을 다할 것을 강조하며, 객관적인 조건과 가능성의 한계를 더 강조한다. '尽可能'은 최대한의 노력을 기울여 어떤 임무를 완수함을 강조하며, 주관적인 의지와 기울인 노력을 더 강조한다.

- 我会尽量提前完成这份报告。
  Wǒ huì jǐnliàng tíqián wánchéng zhè fèn bàogào.
  제가 이 보고서를 최대한 일찍 완성하겠습니다.
  (제한된 시간 내에 조기 완성을 위해 노력함)

- 我会尽可能帮你找到这本书。
  Wǒ huì jǐnkěnéng bāng nǐ zhǎodào zhè běn shū.
  제가 이 책을 찾을 수 있도록 최선을 다하겠습니다.
  (최대한의 노력을 기울여 찾을 것을 의미하며 주관적인 의지를 강조)

② 将 ~을, ~를

개사로, '把'와 용법이 비슷하지만 서면어에서 주로 쓰인다.

- 他将钱交给了我的妈妈。
  Tā jiāng qián jiāogěile wǒ de māma.
  그는 돈을 우리 엄마에게 주었다.

- 他将所有的时间都用在研究汉语上。
  Tā jiāng suǒyǒu de shíjiān dōu yòngzài yánjiū Hànyǔ shàng.
  그는 모든 시간을 중국어를 연구하는 데 쏟는다.

③ 为A做出B的贡献 A를 위해 B한 공헌을 하다

자주 함께 쓰이는 고정 짝꿍으로, 통째로 외워두면 문장을 해석할 때 도움이 된다.

- 他是一位科学家，为国家做出了很大的贡献。
  Tā shì yí wèi kēxuéjiā, wèi guójiā zuòchūle hěn dà de gòngxiàn.
  그는 과학자로, 국가를 위해 큰 공헌을 했다.

- 青年人要为社会发展做出自己的贡献。
  Qīngniánrén yào wèi shèhuì fāzhǎn zuòchū zìjǐ de gòngxiàn.
  청년들은 사회 발전에 이바지해야 한다.

문제 만나기

1 보기 중 적절한 단어를 골라 빈칸을 채우세요.

> 보기 | 相似　　一次性　　伤心　　负面　　临时　　绿色

❶ "饭搭子"是指_____在一起吃饭的朋友。

❷ 找到口味_____的"饭搭子"非常不容易。

❸ 失去"饭搭子"比失恋更_____。

❹ 首先我们可以选择_____出行，尽量选择公共交通工具出行。

❺ 我们要通过自己的努力减少对环境的_____影响。

❻ 我们要尽可能减少使用_____塑料制品。

2 밑줄 친 부분과 비슷한 뜻을 가진 단어를 고르세요.

❶ 吃什么，怎么吃，都**无所谓**。
　A 不客气　　B 没关系　　C 很简单　　D 还可以

❷ 吃饭的时候，一个人太寂寞，有人陪伴，边吃边聊才是最**开心**的。
　A 高兴　　B 热爱　　C 兴奋　　D 轻松

❸ 我们要合理分类垃圾，**将**可回收垃圾和不可回收垃圾分开处理。
　A 让　　B 被　　C 使　　D 把

❹ 在消费时，应该选择环保、**无**污染的产品。
　A 能　　B 不　　C 没　　D 会

3 본문 내용에 따라 빈칸을 채우세요.

❶ 网络上流传一个夸张的说法：“可以不谈恋爱，但是＿＿＿＿＿＿饭搭子。”

❷ 有人觉得，"饭搭子"是好好吃饭、认真生活的＿＿＿＿＿＿。

❸ 低碳生活是一种健康、环保、节能的＿＿＿＿＿＿。

❹ 实践低碳生活需要我们＿＿＿＿＿＿日常生活中＿＿＿＿＿＿。

4 다음 문장을 '边……边……' 구조의 문장으로 바꿔 보세요.

❶ 我锻炼，同时我听音乐。

→ ＿＿＿＿＿＿＿＿＿＿＿＿＿＿＿＿＿＿＿＿＿＿＿＿＿＿＿＿＿＿＿＿＿＿

❷ 妈妈喝咖啡，同时妈妈写小说。

→ ＿＿＿＿＿＿＿＿＿＿＿＿＿＿＿＿＿＿＿＿＿＿＿＿＿＿＿＿＿＿＿＿＿＿

5 '……同时也……'를 사용하여 두 문장을 한 문장으로 바꿔 보세요.

❶ A) 这次考试，她取得了好成绩，B) 得到了老师的表扬。

→ ＿＿＿＿＿＿＿＿＿＿＿＿＿＿＿＿＿＿＿＿＿＿＿＿＿＿＿＿＿＿＿＿＿＿

❷ A) 我想去中国留学，B) 我也想了解中国文化。

→ ＿＿＿＿＿＿＿＿＿＿＿＿＿＿＿＿＿＿＿＿＿＿＿＿＿＿＿＿＿＿＿＿＿＿

내 글씨로 독해 즐기기

■ 본문 속 문장들을 필사해 보세요.

[본문 1]

		破	的		饺	搭	子
简	单 ，		而	找	到	口	味
相	似	的		饭	搭	子	
则	十	分	不	易	。		

[본문 2]

		低	碳	生	活	就	是
通	过	改	变	一	些	生	活
方	式	来	降	低	二	氧	化
碳	的	排	放	量	。		

2과 形象管理
이미지 관리

본문1 防晒很重要
자외선 차단은 정말 중요해요

본문2 不长肉的方法
살찌지 않는 법

防晒很重要
Fángshài hěn zhòngyào

每当❶夏季来临的时候❶，女孩子们就开始买漂亮的衣服
Měidāng xiàjì láilín de shíhou, nǚháizimen jiù kāishǐ mǎi piàoliang de yīfu

来打扮自己，希望自己可以成为夏天的一道亮丽的风景。
lái dǎban zìjǐ, xīwàng zìjǐ kěyǐ chéngwéi xiàtiān de yí dào liànglì de fēngjǐng.

但是夏天除了热，还有一大难题，那就是防晒做不好的话，
Dànshì xiàtiān chúle rè, háiyǒu yí dà nántí, nà jiùshì fángshài zuò bù hǎo de huà,

새단어

防晒 fángshài 자외선 차단, 썬 케어 ◆ **每当** měidāng ~할 때마다 ◆ **夏季** xiàjì 여름철, 하계 ◆ **来临** láilín 이르다, 도래하다, 다가오다 ◆ **打扮** dǎban 치장하다, 단장하다, 꾸미다 ◆ **亮丽** liànglì 밝고 아름답다, 아름답다 ◆ **风景** fēngjǐng 풍경, 경치 ◆ **难题** nántí 곤란한 문제, 어려운 문제, 난제

皮肤很容易晒黑。防晒确实很关键，紫外线是太阳辐射光线
pífū hěn róngyì shàihēi. Fángshài quèshí hěn guānjiàn, zǐwàixiàn shì tàiyáng fúshè guāngxiàn

中的一部分，它可以通过大气层到达地面，对人体皮肤造成
zhōng de yíbùfen, tā kěyǐ tōngguò dàqìcéng dàodá dìmiàn, duì réntǐ pífū zàochéng

损伤，所以夏天必须要做好防晒的工作。
sǔnshāng, suǒyǐ xiàtiān bìxū yào zuòhǎo fángshài de gōngzuò.

夏天，很多女孩子都喜欢穿短裙，短裙显得年轻
Xiàtiān, hěn duō nǚháizi dōu xǐhuan chuān duǎnqún, duǎnqún xiǎnde niánqīng

有活力，但会让大部分的皮肤很容易晒黑。市场上有
yǒu huólì, dàn huì ràng dàbùfen de pífū hěn róngyì shàihēi. Shìchǎng shàng yǒu

很多防晒霜，买对了就会达到❷很好的防晒效果❷，
hěn duō fángshàishuāng, mǎiduì le jiù huì dádào hěn hǎo de fángshài xiàoguǒ,

防晒霜除了可以涂抹脸，还可以涂抹手、脖子和腿。如果真的
fángshàishuāng chúle kěyǐ túmǒ liǎn, hái kěyǐ túmǒ shǒu、bózi hé tuǐ. Rúguǒ zhēnde

喜欢穿短裙又怕晒黑的话，那就只好坚持涂抹
xǐhuan chuān duǎnqún yòu pà shàihēi de huà, nà jiù zhǐhǎo jiānchí túmǒ

防晒霜。
fángshàishuāng.

◆ 皮肤 pífū 피부 ◆ 晒黑 shàihēi 볕에 타다, 피부가 타다 ◆ 关键 guānjiàn 관건, 매우 중요한 ◆ 紫外线 zǐwàixiàn 자외선 ◆ 太阳 tàiyáng 태양, 해, 햇빛 ◆ 辐射 fúshè 방사(하다), 복사(하다) ◆ 光线 guāngxiàn 광선, 빛 ◆ 大气层 dàqìcéng 대기층 ◆ 到达 dàodá 도착하다, 도달하다 ◆ 地面 dìmiàn 지면, 지표 ◆ 人体 réntǐ 인체 ◆ 造成 zàochéng 만들다, 야기하다, 초래하다 ◆ 损伤 sǔnshāng 손상(하다), 손실(되다) ◆ 短裙 duǎnqún 짧은 치마, 미니스커트 ◆ 显得 xiǎnde ~하게 보이다, ~인 것처럼 보이다 ◆ 活力 huólì 활력, 생기, 활기 ◆ 市场 shìchǎng 시장 ◆ 防晒霜 fángshàishuāng 썬크림, 자외선 차단제 ◆ 达到 dádào 달성하다, 도달하다 ◆ 效果 xiàoguǒ 효과 ◆ 坚持 jiānchí 견지하다, 끝까지 버티다, 고수하다 ◆ 涂抹 túmǒ 칠하다, 바르다 ◆ 脸 liǎn 얼굴 ◆ 脖子 bózi 목 ◆ 腿 tuǐ 다리

同时，也可以多吃含有抗氧化物的食物，比如葡萄、
Tóngshí, yě kěyǐ duō chī hányǒu kàng yǎnghuàwù de shíwù, bǐrú pútao,

西红柿、杏仁等等，其中，西红柿是最好的防晒食物，
xīhóngshì、xìngrén děngděng, qízhōng, xīhóngshì shì zuì hǎo de fángshài shíwù,

它**所含有的**❸番茄红素是很重要的防晒成分，番茄红素
tā suǒ hányǒu de fānqiéhóngsù shì hěn zhòngyào de fángshài chéngfèn, fānqiéhóngsù

可以避免紫外线对皮肤的伤害。
kěyǐ bìmiǎn zǐwàixiàn duì pífū de shānghài.

😊 확인하기

1. 여름철에 신경 써야 할 문제는 무엇인가요?

   ❶ 天气太热了　　　　　❷ 很难打扮自己
   ❸ 漂亮的衣服少　　　　❹ 皮肤容易晒黑

2. 피부를 손상시키는 빛은 무엇인가요?

   ❶ 紫外线　　　　　　　❷ 太阳光线
   ❸ 辐射光线　　　　　　❹ 月亮光线

含有 hányǒu 함유하다, 포함하고 있다 • **抗氧化物** kàng yǎnghuàwù 항산화 물질, 항산화제 • **比如** bǐrú 예컨대, 예를 들면 • **葡萄** pútao 포도 • **西红柿** xīhóngshì 토마토 • **杏仁** xìngrén 아몬드 • **其中** qízhōng 그중 • **番茄红素** fānqiéhóngsù 리코펜[토마토 따위의 붉은 색소, lycopene] • **成分** chéngfèn 성분, 요소 • **伤害** shānghài 상해하다, 손상시키다 • **月亮** yuèliang 달

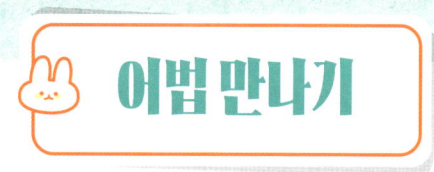

❶ 每当A来临的时候 A가 올 때마다, 매번 A가 되면

습관적으로 함께 사용하는 짝꿍으로, 어떤 시기가 곧 다가옴을 의미한다. 뒤에는 종종 '就'를 사용하여 강조를 나타낸다.

- **每当**春节**来临的时候**，金价就会上涨。
  Měidāng Chūnjié láilín de shíhou, jīnjià jiù huì shàngzhǎng.
  매년 춘제가 되면 금값이 오른다.

- **每当**高考**来临的时候**，家长们就很紧张。
  Měidāng gāokǎo láilín de shíhou, jiāzhǎngmen jiù hěn jǐnzhāng.
  매번 대학 입시 때가 되면 학부모들은 매우 긴장한다.

❷ 达到A的效果 A한 효과를 거두다

고정 짝꿍으로, 일반적으로 어떤 노력이나 조치를 통해 예상한 목표나 목적을 실현하는 것을 말하고, 결과가 예상한 것과 일치함을 강조한다.

- 在健康领域，我们常常说某种锻炼方法能**达到**很好**的效果**。
  Zài jiànkāng lǐngyù, wǒmen chángcháng shuō mǒu zhǒng duànliàn fāngfǎ néng dádào hěn hǎo de xiàoguǒ.
  건강 분야에서 우리는 종종 어떤 운동 방법이 좋은 효과를 얻을 수 있다고 말한다.

- 只要你能坚持，一切都会好的，努力就能**达到**预期**的效果**。
  Zhǐyào nǐ néng jiānchí, yíqiè dōu huì hǎo de, nǔlì jiù néng dádào yùqī de xiàoguǒ.
  꾸준히 하기만 하면 모든 것이 다 잘 될 것이고, 노력하면 예상한 효과를 얻을 수 있다.

❸ 所+동사+的 ~한 것

동작의 결과나 행위를 명사화하여 특정한 동작이나 사건을 강조할 때 쓰인다.

- 你**所看到的**信息都来自网络。
  Nǐ suǒ kàndào de xìnxī dōu láizì wǎngluò.
  네가 본 정보는 다 인터넷에서 온 거야.

- 这次旅行**所需要的**费用都是妈妈给的。
  Zhècì lǚxíng suǒ xūyào de fèiyong dōu shì māma gěi de.
  이번 여행에 필요한 비용은 모두 엄마가 주신 것이다.

不长肉的方法
Bù zhǎngròu de fāngfǎ

随着经济的发展和生活方式的改变，人们的健康
Suízhe jīngjì de fāzhǎn hé shēnghuó fāngshì de gǎibiàn, rénmen de jiànkāng

状况也在不断改善，同时有关肥胖的健康问题也 引起❶
zhuàngkuàng yě zài búduàn gǎishàn, tóngshí yǒuguān féipàng de jiànkāng wèntí yě yǐnqǐ

人们的注意。为了让自己的身体越来越健康，很多人选择减肥，
rénmen de zhùyì. Wèile ràng zìjǐ de shēntǐ yuèláiyuè jiànkāng, hěn duō rén xuǎnzé jiǎnféi,

새단어

长肉 zhǎngròu 살이 찌다, 뚱뚱해지다 ◆ 健康状况 jiànkāng zhuàngkuàng 건강 상태, 컨디션 ◆ 改善 gǎishàn 개선(하다) ◆ 有关 yǒuguān ~에 연관되다, ~에 관계되다 ◆ 肥胖 féipàng 뚱뚱하다, 비만 ◆ 引起 yǐnqǐ (주의를) 끌다, 야기하다, 일으키다 ◆ 减肥 jiǎnféi 체중을 줄이다, 살을 빼다, 다이어트하다

特别是科学减肥更受到人们的欢迎。科学减肥不能只靠
tèbiéshì kēxué jiǎnféi gèng shòudào rénmen de huānyíng. Kēxué jiǎnféi bù néng zhǐ kào

运动，吃动平衡才能取得❷良好效果。
yùndòng, chīdòng pínghéng cáinéng qǔdé liánghǎo xiàoguǒ.

　　减肥期间，要注意不能不吃早餐，而且还要一日三餐
Jiǎnféi qījiān, yào zhùyì bù néng bù chī zǎocān, érqiě háiyào yírì sāncān

按时吃。减肥不是吃得少，是要吃得有营养。只要改变
ànshí chī. Jiǎnféi bú shì chī de shǎo, shì yào chī de yǒu yíngyǎng. Zhǐyào gǎibiàn

饮食习惯，就不容易长肉。在注意饮食的同时，也可以多做
yǐnshí xíguàn, jiù bù róngyì zhǎngròu. Zài zhùyì yǐnshí de tóngshí, yě kěyǐ duō zuò

运动，比如游泳，骑自行车，跑步等都可以，还可以在晚上
yùndòng, bǐrú yóuyǒng, qí zìxíngchē, pǎobù děng dōu kěyǐ, hái kěyǐ zài wǎnshang

的时候进行慢跑。这样的话，不仅❸对身体好，而且还❸能够
de shíhou jìnxíng mànpǎo. Zhèyàng de huà, bùjǐn duì shēntǐ hǎo, érqiě hái nénggòu

达到减肥的效果。
dádào jiǎnféi de xiàoguǒ.

　　想要不长肉，必须在坚持运动的同时，也要控制
Xiǎngyào bù zhǎngròu, bìxū zài jiānchí yùndòng de tóngshí, yě yào kòngzhì

热量的摄入，才能有效地减肥。专家说"减肥不仅是外表的
rèliàng de shèrù, cáinéng yǒuxiào de jiǎnféi. Zhuānjiā shuō "Jiǎnféi bùjǐn shì wàibiǎo de

---

科学 kēxué 과학(적이다) ◆ 靠 kào 의지하다, 의거하다 ◆ 平衡 pínghéng 평형 (되게 하다), 균형 (있게 하다) ◆ 取得 qǔdé 얻다, 획득하다 ◆ 良好 liánghǎo 양호하다, 좋다 ◆ 期间 qījiān 기간 ◆ 早餐 zǎocān 아침 식사 ◆ 一日三餐 yírì sāncān 하루 세 끼 ◆ 营养 yíngyǎng 영양, 양분 ◆ 饮食 yǐnshí 음식, 음식을 먹고 마시다 ◆ 游泳 yóuyǒng 수영(하다) ◆ 跑步 pǎobù 달리기, 구보 ◆ 慢跑 mànpǎo 조깅, 천천히 달리기 ◆ 控制 kòngzhì 억제하다, 제어하다, 컨트롤하다 ◆ 热量 rèliàng 열량, 칼로리 ◆ 摄入 shèrù 섭취하다 ◆ 有效 yǒuxiào 유효하다, 효력이 있다 ◆ 外表 wàibiǎo 외모, 외관

改变，还是对自己的挑战。只要坚持吃动平衡，并保持积极的
gǎibiàn, háishi duì zìjǐ de tiǎozhàn. Zhǐyào jiānchí chīdòng pínghéng, bìng bǎochí jījí de

心态，就能取得理想的减肥效果。"
xīntài, jiù néng qǔdé lǐxiǎng de jiǎnféi xiàoguǒ."

 확인하기

1. 과학적인 다이어트로 좋은 효과를 얻으려면 어떻게 해야 하나요?
   ❶ 努力运动   ❷ 注意饮食
   ❸ 吃动平衡   ❹ 要吃水果

2. 전문가들은 다이어트에 가장 필요한 마음가짐은 무엇이라고 생각하나요?
   ❶ 积极   ❷ 健康
   ❸ 良好   ❹ 高兴

挑战 tiǎozhàn 도전(하다) ◆ **保持** bǎochí 지키다, 유지하다 ◆ **积极** jījí 적극적이다, 긍정적이다 ◆ **心态** xīntài 마음가짐, 심리 상태 ◆ **理想** lǐxiǎng 이상(적이다) ◆ **水果** shuǐguǒ 과일

어법 만나기

❶ 引起 끌다, 야기하다, 일으키다

HSK 시험에 자주 나오는 동사로, '注意, 关注, 重视, 反应, 兴趣' 등의 단어들과 짝꿍을 이룬다.

- 他的小说**引起**了大家的关注。
  Tā de xiǎoshuō yǐnqǐle dàjiā de guānzhù.
  그의 소설은 사람들의 관심을 끌었다.

- 这部电影**引起**了观众的极大兴趣。
  Zhè bù diànyǐng yǐnqǐle guānzhòng de jídà xìngqù.
  이 영화는 관중들의 큰 흥미를 불러일으켰다.

❷ 取得 얻다, 획득하다

어떤 노력이나 행동을 통해 좋거나 만족스러운 결과를 얻는 것을 나타내며, '成功, 经验, 成果, 成绩, 支持, 同意' 등의 단어들과 함께 쓰인다.

- 他**取得**学校的支持，准备去留学。
  Tā qǔdé xuéxiào de zhīchí, zhǔnbèi qù liúxué.
  그는 학교의 지원을 받아 유학 갈 준비를 하고 있다.

- 我希望通过实习工作，**取得**宝贵的工作经验。
  Wǒ xīwàng tōngguò shíxí gōngzuò, qǔdé bǎoguì de gōngzuò jīngyàn.
  나는 실습을 통해 귀중한 업무 경험을 얻고 싶다.

❸ 不仅A，还B A일 뿐만 아니라 게다가 B하다

점층 관계를 나타내는 접속사로, A의 의미 외에 한층 더 상승되는 의미가 B에 있음을 나타낸다. 비슷한 접속사로는 '不但A, 而且B', '不仅A, 也B' 등이 있다. A와 B의 주어가 같으면, '不但/不仅'은 주로 주어 뒤에 쓰이고, A와 B의 주어가 다르면, 주어 앞에 쓰이는 경우가 많다.

- 颐和园**不仅**环境美丽，**还**历史悠久。
  Yíhéyuán bùjǐn huánjìng měilì, hái lìshǐ yōujiǔ.
  이화원은 환경이 아름다울 뿐만 아니라 역사도 유구하다. (주어가 같음)

- 秋天来了，**不但**气温降低了，**而且**风刮得很厉害。
  Qiūtiān láile, búdàn qìwēn jiàngdīle, érqiě fēng guā de hěn lìhai.
  가을이 오면 기온이 낮아질 뿐만 아니라 바람도 세게 분다. (주어가 다름)

문제 만나기

1 보기 중 적절한 단어를 골라 빈칸을 채우세요.

| 보기 | 只好 | 按时 | 达到 | 改善 | 避免 | 保持 |

① 市场上有很多防晒霜，买对了就会_____很好的防晒效果。

② 如果担心晒黑的话，那就_____坚持涂抹防晒霜。

③ 番茄红素可以_____紫外线对皮肤的伤害。

④ 随着经济的发展，人们的健康状况也在_____。

⑤ 只要坚持吃动平衡，并_____积极的心态，就能取得理想的减肥效果。

⑥ 减肥期间，一日三餐_____吃。

2 밑줄 친 부분과 비슷한 뜻을 가진 단어를 고르세요.

① 女孩子都希望自己成为夏天的一道**亮丽**的风景。
　　A 喜欢　　B 美丽　　C 欣赏　　D 简单

② 防晒确实很**关键**，紫外线对人体皮肤造成损伤。
　　A 参与　　B 需要　　C 关心　　D 重要

③ 减肥期间，要注意**不能不**吃早餐。
　　A 必须　　B 需要　　C 可以　　D 可能

④ 减肥**不仅**是外表的改变，还是对自己的挑战。
　　A 但是　　B 而且　　C 不但　　D 只要

3 본문 내용에 따라 빈칸을 채우세요.

① 防晒可以多吃含有_____的食物。

② 番茄所含有的番茄红素是很重要的_____。

③ 科学减肥不能只靠运动，吃动平衡才能取得_____。

④ 在注意饮食的同时，也可以_____。

4 '除了……还……'를 사용하여 두 문장을 한 문장으로 바꿔 보세요.

① A) 我们喜爱音乐，B) 我们也有很多的共同爱好。

→ _____

② A) 今天有英语作业，B) 也有数学作业。

→ _____

5 '只要……就……'를 사용하여 두 문장을 한 문장으로 바꿔 보세요.

① A) 坚持锻炼身体，B) 身体会逐渐健康。

→ _____

② A) 你给我买机票，B) 我会回北京。

→ _____

내 글씨로 독해 즐기기

■ 본문 속 문장들을 필사해 보세요.

[본문 1]

　　紫外线对人体
皮肤造成损伤，所
以夏天必须要做好
防晒的工作。

[본문 2]

　　只要坚持吃动
平衡，并保持积极
的心态，就能取得
理想的减肥效果。

3과
大学生活
대학 생활

 본문1　**专业不喜欢，我怎么办？**
전공이 마음에 안 드는데, 저 어쩌죠?

본문2　**与同学一起做兼职**
동창과 함께 아르바이트 해요

专业不喜欢，我怎么办？
Zhuānyè bù xǐhuan, wǒ zěnme bàn?

每年九月都是中国大学的开学季，很多大学生每天
Měinián jiǔ yuè dōu shì Zhōngguó dàxué de kāixué jì, hěn duō dàxuéshēng měitiān

都是高高兴兴地去上课，而也有一些大学生却开始发愁，
dōu shì gāogāoxìngxìng de qù shàngkè, ér yě yǒu yìxiē dàxuéshēng què kāishǐ fāchóu,

因为他们并不喜欢自己选择的专业。面对这种情况，
yīnwèi tāmen bìngbù xǐhuan zìjǐ xuǎnzé de zhuānyè. Miànduì zhè zhǒng qíngkuàng,

该怎么选择呢？
gāi zěnme xuǎnzé ne?

새단어

专业 zhuānyè （대학 등의) 전공, 학과 ◆ **开学季** kāixué jì 개학 시즌 ◆ **发愁** fāchóu 근심하다, 걱정하다, 우려하다 ◆ **面对** miànduì 마주하다, 직면하다

第一种方法就是选择复读，但是在复读之前，你必须
Dì-yī zhǒng fāngfǎ jiùshì xuǎnzé fùdú, dànshì zài fùdú zhīqián, nǐ bìxū

考虑的是，如果感觉再坚持一年很困难，或者学习很吃力
kǎolǜ de shì, rúguǒ gǎnjué zài jiānchí yì nián hěn kùnnan, huòzhě xuéxí hěn chīlì

以及❶成绩很难提高，那么最好选择第二种方法——转专业。
yǐjí chéngjì hěn nán tígāo, nàme zuìhǎo xuǎnzé dì-èr zhǒng fāngfǎ——zhuǎn zhuānyè.

但在转专业之前，你需要充分了解自己感兴趣的专业，
Dàn zài zhuǎn zhuānyè zhīqián, nǐ xūyào chōngfèn liǎojiě zìjǐ gǎnxìngqù de zhuānyè,

并认真考虑自己的学习能力和适应力。但也有些专业是不能
bìng rènzhēn kǎolǜ zìjǐ de xuéxí nénglì hé shìyìnglì. Dàn yě yǒuxiē zhuānyè shì bù néng

转的，此时你可以考虑最后一个方法，那就是修双学位。
zhuǎn de, cǐshí nǐ kěyǐ kǎolǜ zuìhòu yí ge fāngfǎ, nà jiùshì xiū shuāngxuéwèi.

在❷我看来❷，修双学位是个挺不错的方法，在自己专业的
Zài wǒ kànlái, xiū shuāngxuéwèi shì ge tǐng búcuò de fāngfǎ, zài zìjǐ zhuānyè de

基础上，再学一门专业，既不会失去之前专业的一些好处，
jīchǔ shàng, zài xué yì mén zhuānyè, jì bú huì shīqù zhīqián zhuānyè de yìxiē hǎochù,

还能学习自己喜欢的专业。但修双学位后，因为要同时
hái néng xuéxí zìjǐ xǐhuan de zhuānyè. Dàn xiū shuāngxuéwèi hòu, yīnwèi yào tóngshí

学两个专业的课，学习也就更加繁忙。修双学位会使许多
xué liǎng ge zhuānyè de kè, xuéxí yě jiù gèngjiā fánmáng. Xiū shuāngxuéwèi huì shǐ xǔduō

◆ 复读 fùdú 재수하다 ◆ 之前 zhīqián 이전, 예전, 전 ◆ 考虑 kǎolǜ 고려(하다) ◆ 感觉 gǎnjué 느끼다, 여기다 ◆ 或者 huòzhě ~이거나, ~든지 ◆ 吃力 chīlì 힘들다, 힘겹다 ◆ 以及 yǐjí 및, 그리고, 아울러 ◆ 成绩 chéngjì 성적, 성과 ◆ 转 zhuǎn 바꾸다, 전환하다 ◆ 充分 chōngfèn 충분히, 완전히, 십분 ◆ 感兴趣 gǎnxìngqù 흥미를 느끼다, 재미를 느끼다, 관심을 갖다 ◆ 适应力 shìyìnglì 적응력 ◆ 此时 cǐshí 이때, 지금 ◆ 修 xiū 이수하다 ◆ 双学位 shuāngxuéwèi (두 가지 전공을 이수하고 수여받은) 두 개의 학위 ◆ 看来 kànlái 보기에, 보아하니, 보니까 ◆ 挺 tǐng 매우, 꽤 ◆ 基础 jīchǔ 기초, 토대, 기반 ◆ 好处 hǎochu 장점, 좋은 점, 이로운 점 ◆ 繁忙 fánmáng 번거롭고 바쁘다

大学生毕业后就业范围更大，为了以后的就业，修双学位
dàxuéshēng bìyè hòu jiùyè fànwéi gèng dà, wèile yǐhòu de jiùyè, xiū shuāngxuéwèi

是个可以考虑的选择。
shì ge kěyǐ kǎolǜ de xuǎnzé.

最后，如果真的不能转专业，那么你需要调整自己的
Zuìhòu, rúguǒ zhēnde bù néng zhuǎn zhuānyè, nàme nǐ xūyào tiáozhěng zìjǐ de

心态。即使❸选择了不喜欢的专业，也❸不要放弃学习和成长的
xīntài. Jíshǐ xuǎnzéle bù xǐhuan de zhuānyè, yě búyào fàngqì xuéxí hé chéngzhǎng de

机会。尝试去发现这个专业的优点和意义，保持乐观和积极的
jīhuì. Chángshì qù fāxiàn zhège zhuānyè de yōudiǎn hé yìyì, bǎochí lèguān hé jījí de

态度，相信自己可以克服困难并取得成功。
tàidu, xiāngxìn zìjǐ kěyǐ kèfú kùnnan bìng qǔdé chénggōng.

😊 확인하기

1. 전공을 바꿀 수 없을 때 어떻게 해야 하나요?
   ❶ 复读一年　　❷ 修双专业　　❸ 休学一年　　❹ 选择退学

2. 복수 전공을 고려해 볼만한 원인은 무엇인가요?
   ❶ 社会需要　　　　　　　❷ 因为好奇心
   ❸ 学校提供机会　　　　　❹ 就业范围扩大

毕业 bìyè 졸업(하다) ◆ 就业 jiùyè 취직하다, 취업하다 ◆ 范围 fànwéi 범위 ◆ 调整 tiáozhěng 조정하다, 조절하다 ◆ 即使 jíshǐ 설령 ~하더라도, 설사 ~ 할지라도 ◆ 放弃 fàngqì 버리다, 포기하다 ◆ 成长 chéngzhǎng 성장하다, 자라다 ◆ 尝试 chángshì 시험(해 보다), 시행(해 보다) ◆ 优点 yōudiǎn 장점, 우수한 점 ◆ 意义 yìyì 의의, 가치, 보람 ◆ 乐观 lèguān 낙관적(이다), 낙관(하다) ◆ 态度 tàidu 태도 ◆ 相信 xiāngxìn 믿다, 신임하다 ◆ 克服 kèfú 극복하다, 참고 견디다, 이겨내다 ◆ 休学 xiūxué 휴학(하다) ◆ 退学 tuìxué 퇴학(하다) ◆ 好奇心 hàoqíxīn 호기심 ◆ 扩大 kuòdà 확대하다, 넓히다

어법 만나기

❶ 以及 및, 그리고, 아울러

주로 서면어에 쓰이는 접속사로, 연합 관계를 나타내며 병렬 관계인 명사, 동사, 개사구를 연결한다. 연결된 성분에는 주된 것과 부차적인 것, 중요한 것과 중요하지 않은 것이 있는데, 앞에 있는 것이 중요한 것이다. 또, 연결된 성분에는 시간의 선후 순서가 있다.

- 她买了电脑、手机以及其他各种电子产品。
  Tā mǎile diànnǎo, shǒujī yǐjí qítā gèzhǒng diànzǐ chǎnpǐn.
  그녀는 컴퓨터, 핸드폰 및 기타 각종 전자제품을 구매했다.

- 问题是怎么产生的，以及最后怎么解决的，都需要我们认真地研究和分析。
  Wèntí shì zěnme chǎnshēng de, yǐjí zuìhòu zěnme jiějué de, dōu xūyào wǒmen rènzhēn de yánjiū hé fēnxī.
  문제가 어떻게 발생했는지, 그리고 나중에 어떻게 해결되었는지 진지하게 연구하고 분석해야 한다.

❷ 在A看来 A에서 볼 때

어떤 주제, 사건, 상황에 대한 자신의 개인적인 관점, 견해, 의견, 평가, 관찰을 표현할 때 쓴다.

- 在我看来，故宫是世界上最好的艺术博物馆之一。
  Zài wǒ kànlái, Gùgōng shì shìjiè shàng zuìhǎo de yìshù bówùguǎn zhīyī.
  내가 보기에 고궁은 세계에서 가장 좋은 예술 박물관 중 하나이다.

- 在我看来，大连是一座风景美丽和经济发达的大城市。
  Zài wǒ kànlái, Dàlián shì yí zuò fēngjǐng měilì hé jīngjì fādá de dàchéngshì.
  나는 다롄이 풍경도 아름답고 경제도 발달한 대도시라고 생각한다.

❸ 即使A，也B 설사 A하더라도 B하다

가정과 양보를 나타내는 접속사이다. A는 가정의 상황을 나타내고 '也' 뒤의 내용은 B라는 결과가 A라는 상황의 영향을 받지 않음을 나타낸다.

- 即使条件再好，也要依靠自己的努力。
  Jíshǐ tiáojiàn zài hǎo, yě yào yīkào zìjǐ de nǔlì.
  조건이 아무리 좋다 해도 자신의 노력에 의지해야 한다.

- 即使你说错了，也没有什么关系。
  Jíshǐ nǐ shuōcuòle, yě méiyǒu shénme guānxi.
  당신이 틀리게 말했더라도 아무 상관없습니다.

与同学一起做兼职
Yǔ tóngxué yìqǐ zuò jiānzhí

在❶放假期间❶，大学生都想找一份兼职工作，既能
Zài fàngjià qījiān, dàxuéshēng dōu xiǎng zhǎo yí fèn jiānzhí gōngzuò, jì néng

赚点零花钱，又能锻炼自己适应社会的能力。但一个人去
zhuàn diǎn línghuāqián, yòu néng duànliàn zìjǐ shìyìng shèhuì de nénglì. Dàn yí ge rén qù

做兼职，会产生很多焦虑，担心自己做不好，又害怕和他人
zuò jiānzhí, huì chǎnshēng hěn duō jiāolǜ, dānxīn zìjǐ zuò bù hǎo, yòu hàipà hé tārén

새단어

与 yǔ ~와, ~랑 • 同学 tóngxué 동창, 학우 • 兼职 jiānzhí 겸직(하다), 아르바이트하다 • 放假 fàngjià 방학하다 • 既 jì 할 뿐만 아니라, 게다가, 벌써 • 赚 zhuàn (돈을) 벌다 • 零花钱 línghuāqián 용돈 • 焦虑 jiāolǜ 가슴을 태우다, 애타게 걱정하다, 마음을 졸이다

交流，所以很多人都希望能和自己的大学同学一起做兼职。
jiāoliú, suǒyǐ hěn duō rén dōu xīwàng néng hé zìjǐ de dàxué tóngxué yìqǐ zuò jiānzhí.

其实，和同学一起做兼职，两个人是可以互相帮助的。
Qíshí, hé tóngxué yìqǐ zuò jiānzhí, liǎng ge rén shì kěyǐ hùxiāng bāngzhù de.

比如，一起坐车去做兼职的地方，在路上，两个人可以聊着
Bǐrú, yìqǐ zuò chē qù zuò jiānzhí de dìfang, zài lùshang, liǎng ge rén kěyǐ liáozhe

有趣的话题，缓解工作带来的压力。下班以后，一起去吃饭，
yǒuqù de huàtí, huǎnjiě gōngzuò dàilái de yālì. Xiàbān yǐhòu, yìqǐ qù chīfàn,

一起去图书馆学习，甚至一起去看电影或者❷听音乐会，这样
yìqǐ qù túshūguǎn xuéxí, shènzhì yìqǐ qù kàn diànyǐng huòzhě tīng yīnyuèhuì, zhèyàng

就能暂时忘记工作和生活上的烦恼。兼职结束后，
jiù néng zànshí wàngjì gōngzuò hé shēnghuó shàng de fánnǎo. Jiānzhí jiéshù hòu,

一起总结经验教训，挣了钱也可以一起去旅游，或者❷学习
yìqǐ zǒngjié jīngyàn jiàoxùn, zhèngle qián yě kěyǐ yìqǐ qù lǚyóu, huòzhě xuéxí

一些技能。
yìxiē jìnéng.

在假期，和同学一起做兼职，不但会加深两个人之间的
Zài jiàqī, hé tóngxué yìqǐ zuò jiānzhí, búdàn huì jiāshēn liǎng ge rén zhījiān de

---

交流 jiāoliú 교류(하다), 왕래하다 • 其实 qíshí 사실은, 실제는 • 互相 hùxiāng 서로, 상호 • 有趣 yǒuqù 재미 있다, 흥미 있다 • 话题 huàtí 화제, 대화 주제 • 缓解 huǎnjiě 완화시키다, 완화하다 • 压力 yālì 스트레스, 압력 • 电影 diànyǐng 영화 • 音乐会 yīnyuèhuì 음악회, 콘서트 • 暂时 zànshí 잠깐, 잠시, 일시 • 忘记 wàngjì 잊어버리다 • 烦恼 fánnǎo 번뇌(하다), 걱정(하다) • 结束 jiéshù 끝나다, 마치다, 종료(하다) • 总结 zǒngjié 총괄(하다), 총결산(하다) • 经验 jīngyàn 경험(하다), 겪다, 체험하다 • 教训 jiàoxun 교훈(하다), 훈계하다 • 挣钱 zhèngqián 돈을 벌다 • 技能 jìnéng 기능, 기술, 스킬 • 假期 jiàqī 휴가 기간, 휴일 • 加深 jiāshēn 깊게 하다, 깊어지다, 심화하다 • 之间 zhījiān 사이

友谊，还会接触到各种各样的人和事，更会积累更多的社会
yǒuyì, hái huì jiēchù dào gèzhǒng gèyàng de rén hé shì, gèng huì jīlěi gèng duō de shèhuì

经验。做兼职可以让自己拥有一个充实、有意义的假期，也会
jīngyàn. Zuò jiānzhí kěyǐ ràng zìjǐ yōngyǒu yí ge chōngshí、yǒu yìyì de jiàqī, yě huì

给❸自己留下❸一个难忘的回忆。
gěi zìjǐ liúxià yí ge nánwàng de huíyì.

😊 확인하기

1. 대학생들이 방학 기간에 아르바이트를 하면 어떤 장점이 있나요?

    ❶ 可以学习　　　　❷ 可以旅游

    ❸ 可以赚钱　　　　❹ 可以运动

2. 아르바이트는 자신에게 무엇을 남겨주나요?

    ❶ 难忘的回忆　　　❷ 最好的印象

    ❸ 公司的地址　　　❹ 朋友的电话号码

◆ **友谊** yǒuyì 우애, 우정 ◆ **接触** jiēchù 접촉하다, 닿다 ◆ **各种各样** gèzhǒng gèyàng 각양각색, 각종, 여러가지 ◆ **积累** jīlěi 쌓이다, 누적하다, 축적하다 ◆ **拥有** yōngyǒu 보유하다, 소유하다, 가지다 ◆ **充实** chōngshí 충실하다, 풍부하다 ◆ **难忘** nánwàng 잊기 어렵다, 잊을 수 없다 ◆ **回忆** huíyì 회상(하다), 추억(하다) ◆ **印象** yìnxiàng 인상 ◆ **地址** dìzhǐ 소재지, 주소 ◆ **电话号码** diànhuà hàomǎ 전화번호

어법 만나기

① 在A期间 A하는 기간, A하는 동안

전적으로 경계가 뚜렷한 기간을 가리킨다.

- **在**准备考大学那段**期间**，父亲一直陪伴他，照顾他。
  Zài zhǔnbèi kǎo dàxué nà duàn qījiān, fùqīn yìzhí péibàn tā, zhàogù tā.
  대학 입시를 준비하는 그 기간 동안 아버지는 줄곧 그의 곁에 있으면서 그를 보살폈다.

- **在**会议**期间**，我们讨论了很多问题。
  Zài huìyì qījiān, wǒmen tǎolùnle hěn duō wèntí.
  회의하는 동안 우리는 많은 문제를 논의했다.

② 或者 ~이거나, ~든지, 혹은

접속사로, 서술문에 사용하여 선택 관계나 동일 관계를 나타낸다.

- 这本书，**或者**你先看，**或者**我先看。
  Zhè běn shū, huòzhě nǐ xiān kàn, huòzhě wǒ xiān kàn.
  이 책을 네가 먼저 보거나 내가 먼저 보거나.

- 考硕士你可以选择文学专业**或者**文化专业。
  Kǎo shuòshì nǐ kěyǐ xuǎnzé wénxué zhuānyè huòzhě wénhuà zhuānyè.
  석사 시험을 볼 때 문학 전공 또는 문화 전공을 선택할 수 있다.

③ 给A留下B A에게 B를 남기다

자주 쓰이는 고정 짝꿍으로, '留下' 뒤에는 일반적으로 '印象, 回忆, 财富, 痕迹, 遗产' 등의 단어들이 온다.

- 今天儿童节真快乐，**给**孩子们**留下**了一个美好的回忆。
  Jīntiān Értóng Jié zhēn kuàilè, gěi háizimen liúxiàle yí ge měihǎo de huíyì.
  오늘 어린이날은 정말 즐거워서 아이들에게 아름다운 추억을 남겼다.

- 虽然我们聊得不多，但他**给**我**留下**很深刻的印象。
  Suīrán wǒmen liáo de bù duō, dàn tā gěi wǒ liúxià hěn shēnkè de yìnxiàng.
  비록 우리가 많은 이야기를 나누지는 않았지만 그는 나에게 깊은 인상을 남겼다.

문제 만나기

1 보기 중 적절한 단어를 골라 빈칸을 채우세요.

> 보기 | 期间　　互相　　之前　　发愁　　积累　　繁忙

① 开学时，不少大学生开始_____，因为他们并不喜欢自己选择的专业。

② 在复读_____，大学生必须要考虑清楚。

③ 如果同时学两个专业的课，学习就会更加_____。

④ 在放假_____，很多大学生都想找一份兼职工作。

⑤ 和同学一起做兼职可以_____很多的社会经验。

⑥ 假期的时候，和同学一起做兼职，两个人是可以_____帮助的。

2 밑줄 친 부분과 비슷한 뜻을 가진 단어를 고르세요.

① 有些专业是不能转的，**此时**你可以考虑修双专业。
　　A 因此　　　B 需要　　　C 这时　　　D 随着

② 在自己专业的基础上，再学一门专业，就不会失去之前专业的一些**好处**。
　　A 优势　　　B 处理　　　C 兴趣　　　D 内容

③ 一个人去做兼职，会有很多焦虑，担心自己做不好，又害怕和他人**交流**。
　　A 认识　　　B 沟通　　　C 通过　　　D 见面

④ 在路上，两个人可以聊着有趣的话题，**缓解**工作带来的压力。
　　A 总结　　　B 处理　　　C 结束　　　D 减轻

3 본문 내용에 따라 다음 빈칸을 채우세요.

❶ 转专业之前，你需要＿＿＿＿＿＿自己感兴趣的专业。

❷ 如果真的不能转专业，那么你需要调整＿＿＿＿＿＿。

❸ 大学生都想找一份兼职工作，既能赚点零花钱，又能锻炼自己＿＿＿＿＿＿的能力。

❹ 做兼职可以让自己拥有一个＿＿＿＿＿＿、＿＿＿＿＿＿的假期。

4 '即使……也……'를 사용하여 두 문장을 한 문장으로 바꿔 보세요.

❶ A) 遇到很大的困难，B) 我们不会放弃。

➔ ＿＿＿＿＿＿＿＿＿＿＿＿＿＿＿＿＿＿＿＿＿＿＿＿＿

❷ A) 你不同意我的观点，B) 我还是会尊重你的看法。

➔ ＿＿＿＿＿＿＿＿＿＿＿＿＿＿＿＿＿＿＿＿＿＿＿＿＿

5 다음 문장을 '동사+着' 구조로 바꿔 보세요.

❶ 她一直等你。

➔ ＿＿＿＿＿＿＿＿＿＿＿＿＿＿＿＿＿＿＿＿＿＿＿＿＿

❷ 外边下雨，我也一直看窗外。

➔ ＿＿＿＿＿＿＿＿＿＿＿＿＿＿＿＿＿＿＿＿＿＿＿＿＿

내 글씨로 독해 즐기기

■ 본문 속 문장들을 필사해 보세요.

[본문 1]

		即	使	选	择	了	不
喜	欢	的	专	业	,	也	不
要	放	弃	学	习	和	成	长
的	机	会	。				

[본문 2]

		做	兼	职	可	以	让
自	己	拥	有	有	意	义	的
假	期	,	也	会	给	自	己
留	下	难	忘	的	回	忆	。

4과

娱乐生活

여가 생활

본문 1 旅行是团建的最佳选择
여행은 팀 빌딩(Team Building)을 위한 최상의 선택

본문 2 周末宅家追剧
주말에 집콕하며 드라마 몰아보기

旅行是团建的最佳选择
Lǚxíng shì tuánjiàn de zuìjiā xuǎnzé

团建是指为了增进团队成员之间的感情和凝聚力，
Tuánjiàn shì zhǐ wèile zēngjìn tuánduì chéngyuán zhījiān de gǎnqíng hé níngjùlì,

成员们在一起进行的活动。传统的团建活动
chéngyuánmen zài yìqǐ jìnxíng de huódòng. Chuántǒng de tuánjiàn huódòng

往往❶在办公室或室内进行，员工们容易感到无趣。
wǎngwǎng zài bàngōngshì huò shìnèi jìnxíng, yuángōngmen róngyì gǎndào wúqù.

새단어

团建 tuánjiàn 팀 빌딩(Team Building) [团队建设의 줄임말] ◆ **最佳** zuìjiā 최적이다, 가장 적당하다, 베스트 ◆ **增进** zēngjìn 증진하다, 증진시키다 ◆ **团队** tuánduì 단체, 팀 ◆ **成员** chéngyuán 성원, 구성 인원 ◆ **凝聚力** níngjùlì 결속력, 응집력 ◆ **活动** huódòng 활동(하다) ◆ **传统** chuántǒng 전통, 고유, 옛날 ◆ **往往** wǎngwǎng 왕왕, 자주, 흔히, 종종 ◆ **办公室** bàngōngshì 사무실 ◆ **室内** shìnèi 실내 ◆ **员工** yuángōng 종업원, 직원 ◆ **无趣** wúqù 재미없다, 흥미 없다

而旅行式❷团建能够让员工们走出办公室，呼吸新鲜
Ér lǚxíngshì tuánjiàn nénggòu ràng yuángōngmen zǒuchū bàngōngshì, hūxī xīnxiān

空气，享受美食和美景，不仅能够放松身心，还可以
kōngqì, xiǎngshòu měishí hé měijǐng, bùjǐn nénggòu fàngsōng shēnxīn, hái kěyǐ

增进彼此之间的了解。
zēngjìn bǐcǐ zhījiān de liǎojiě.

在旅途中，员工们需要互相帮助，这不仅能够增强
Zài lǚtú zhōng, yuángōngmen xūyào hùxiāng bāngzhù, zhè bùjǐn nénggòu zēngqiáng

员工之间的信任，还可以提高团队的合作能力。旅行式❷
yuángōng zhījiān de xìnrèn, hái kěyǐ tígāo tuánduì de hézuò nénglì. Lǚxíngshì

团建的活动内容多种多样，可以根据团队的不同需求和
tuánjiàn de huódòng nèiróng duōzhǒng duōyàng, kěyǐ gēnjù tuánduì de bùtóng xūqiú hé

兴趣进行定制。比如，可以组织徒步旅行、露营、野炊、登山、
xìngqù jìnxíng dìngzhì. Bǐrú, kěyǐ zǔzhī túbù lǚxíng、lùyíng、yěchuī、dēngshān、

趣味赛事等活动，也可以去草原、海滨、名胜古迹等远途
qùwèi sàishì děng huódòng, yě kěyǐ qù cǎoyuán、hǎibīn、míngshènggǔjì děng yuǎntú

景点进行旅游。
jǐngdiǎn jìnxíng lǚyóu.

式 shì 식, 양식 ◆ 呼吸 hūxī 호흡(하다) ◆ 新鲜 xīnxiān 신선하다, 싱싱하다 ◆ 空气 kōngqì 공기 ◆ 美景 měijǐng 아름다운 풍경 ◆ 身心 shēnxīn 심신, 몸과 마음 ◆ 彼此 bǐcǐ 서로, 피차, 상호 ◆ 旅途 lǚtú 여정, 여행 도중 ◆ 增强 zēngqiáng 증강하다, 강화하다 ◆ 信任 xìnrèn 신임(하다) ◆ 合作 hézuò 합작(하다), 협력(하다), 팀워크 ◆ 多种多样 duōzhǒng duōyàng 가지각색(의), 여러 가지(의) ◆ 不同 bùtóng 같지 않다, 다르다 ◆ 定制 dìngzhì 맞춤 제작(하다) ◆ 组织 zǔzhī 조직(하다), 구성(하다), 결성(하다) ◆ 徒步 túbù 도보(하다), 걷다 ◆ 露营 lùyíng 캠프(하다), 야영(하다) ◆ 野炊 yěchuī 야외에서 밥을 짓다, 야외 바비큐 ◆ 登山 dēngshān 등산(하다) ◆ 趣味 qùwèi 흥취, 흥미, 취미, 기호 ◆ 赛事 sàishì 시합, 대회, 경기 ◆ 草原 cǎoyuán 초원 ◆ 海滨 hǎibīn 해안, 해변 ◆ 名胜古迹 míngshèng gǔjì 명승고적 ◆ 远途 yuǎntú 길이 먼, 장거리의 ◆ 景点 jǐngdiǎn 경치가 좋은 곳, 명소, 경승지

旅行是一种了解世界、认识文化、丰富人生经验的方式。
Lǚxíng shì yì zhǒng liǎojiě shìjiè、rènshi wénhuà、fēngfù rénshēng jīngyàn de fāngshì.

通过旅行，我们可以看到不同的风景、体验不同的生活
Tōngguò lǚxíng, wǒmen kěyǐ kàndào bùtóng de fēngjǐng、tǐyàn bùtóng de shēnghuó

方式、了解不同的文化，由此❸丰富自己的人生经验。在旅行
fāngshì、liǎojiě bùtóng de wénhuà, yóucǐ fēngfù zìjǐ de rénshēng jīngyàn. Zài lǚxíng

中，我们需要独立应对各种挑战和困难，这可以帮助
zhōng, wǒmen xūyào dúlì yìngduì gèzhǒng tiǎozhàn hé kùnnan, zhè kěyǐ bāngzhù

我们提高自信心和解决问题的能力，以及加深团队成员之间的
wǒmen tígāo zìxìnxīn hé jiějué wèntí de nénglì, yǐjí jiāshēn tuánduì chéngyuán zhījiān de

感情和凝聚力，所以说旅行是团建的最佳选择。
gǎnqíng hé níngjùlì, suǒyǐ shuō lǚxíng shì tuánjiàn de zuìjiā xuǎnzé.

😊 확인하기

1. 팀 빌딩 여행은 직원들에게 무엇을 가져다줄까요?
   ① 在家休息　　② 增长知识　　③ 增进了解　　④ 认识新朋友

2. 팀 빌딩 여행의 활동은 어떻게 맞춤 제작되나요?
   ① 根据人数　　② 根据旅途　　③ 根据季节　　④ 根据兴趣

丰富 fēngfù 풍부하다, 많다 • **体验** tǐyàn 체험(하다) • **由此** yóucǐ 이로써, 이리하여, 이로부터 • **独立** dúlì 독립(하다), 독자적으로 하다 • **应对** yìngduì 대응하다, 대처하다 • **自信心** zìxìnxīn 자신감, 자부심 • **解决** jiějué 해결하다 • **增长** zēngzhǎng 늘어나다, 증가하다 • **人数** rénshù 사람 수 • **季节** jìjié 계절, 철

① 往往 자주, 종종, 때때로

부사로, 과거의 경험을 근거로 어떤 상황이 일정한 조건에서 자주 존재하거나 발생하며 일정한 규칙성이 있음을 나타낸다. '常常'은 미래 시제로 쓰일 수 있고 미래 상황의 발생 빈도를 나타내지만, '往往'은 미래 시제로 쓸 수 없고 이미 일어난 상황의 빈도를 설명하는 역할을 한다.

- 老师往往工作到深夜才睡。 선생님은 종종 밤 늦게까지 일하고 나서야 주무신다.
  Lǎoshī wǎngwǎng gōngzuò dào shēnyè cái shuì.

- 欢迎你常常来青岛玩儿！ 자주 칭다오에 놀러 오시는 것을 환영합니다. (미래 시제)
  Huānyíng nǐ chángcháng lái Qīngdǎo wánr!

② 式 ~형, ~식

접미사 '式'는 주로 단어 뒤에 쓰여 명사성 단어가 되어 어떤 형식이나 방법을 나타낸다.

- 开放式的厨房设计很受欢迎。 개방형 주방 디자인은 인기가 많다.
  Kāifàngshì de chúfáng shèjì hěn shòu huānyíng.

- 很多学生还是喜欢传统式讲课方法。
  Hěn duō xuéshēng háishi xǐhuan chuántǒngshì jiǎngkè fāngfǎ.
  많은 학생들이 여전히 전통적인 강의 방법을 선호한다.

③ 由此 이로써, 이리하여

'由此'는 어떤 원인이나 상황으로 인해 어떤 결론이나 결과를 도출하는 것을 나타내고, 이 원인에 근거함을 강조한다. '因此'는 원인과 결과를 연결 짓고 이 원인으로 인해 이 결과가 나왔음을 나타내고, 바로 이 원인임을 강조한다.

- 这段时间我学习非常努力，由此我明白了"功夫不负有心人"的道理。
  Zhè duàn shíjiān wǒ xuéxí fēicháng nǔlì, yóucǐ wǒ míngbáile "gōngfu bú fù yǒuxīnrén" de dàolǐ.
  이 기간동안 나는 정말 열심히 노력했고, 이로써 나는 '노력은 배신하지 않는다'라는 이치를 알게 되었다.

- 我现在每周末都能休息，因此这个工作让我很满意。
  Wǒ xiànzài měi zhōumò dōu néng xiūxi, yīncǐ zhège gōngzuò ràng wǒ hěn mǎnyì.
  나는 지금 주말마다 쉴 수 있다. 그래서 나는 이 일에 만족한다.

周末宅家追剧
Zhōumò zhái jiā zhuījù

周末宅家追剧是一种放松身心的方式，能够让我们
Zhōumò zhái jiā zhuījù shì yì zhǒng fàngsōng shēnxīn de fāngshì, nénggòu ràng wǒmen

跟随❶角色一起经历喜怒哀乐，感受到人世间的温暖和美好。
gēnsuí juésè yìqǐ jīnglì xǐ nù āi lè, gǎnshòu dào rénshìjiān de wēnnuǎn hé měihǎo.

追剧作为❷一种娱乐方式，能够让我们暂时忘记日常
Zhuījù zuòwéi yì zhǒng yúlè fāngshì, nénggòu ràng wǒmen zànshí wàngjì rìcháng

새단어

周末 zhōumò 주말 ◆ 宅家 zhái jiā 집에 있다, 집콕 ◆ 追剧 zhuījù 드라마를 시청하다, 본방 사수하다, 몰아보다 ◆ 跟随 gēnsuí 뒤따르다, 따라가다, 따르다 ◆ 角色 juésè 배역, 인물, 역할 ◆ 经历 jīnglì 겪다, 경험(하다), 체험하다 ◆ 喜怒哀乐 xǐ nù āi lè 희로애락, 기쁨과 노여움과 슬픔과 즐거움 ◆ 感受 gǎnshòu (영향을) 받다, 느끼다 ◆ 人世间 rénshìjiān 인간 세상, 세상 ◆ 温暖 wēnnuǎn 따뜻하다, 따스하다 ◆ 美好 měihǎo 좋다, 행복하다, 아름답다 ◆ 作为 zuòwéi ~으로서, ~신분으로, ~자격으로 ◆ 娱乐 yúlè 오락, 즐거움

生活中的压力和烦恼。一部好的电视剧或者电影往往
shēnghuó zhōng de yālì hé fánnǎo. Yí bù hǎo de diànshìjù huòzhě diànyǐng wǎngwǎng

能让我们体验到不同的生活和情感。在追剧的过程
néng ràng wǒmen tǐyàn dào bùtóng de shēnghuó hé qínggǎn. Zài zhuījù de guòchéng

中，我们不仅能享受到故事带来的情感变化，还能
zhōng, wǒmen bùjǐn néng xiǎngshòu dào gùshi dàilái de qínggǎn biànhuà, hái néng

从中学习到各种人生的智慧。例如，通过观看角色的
cóngzhōng xuéxí dào gèzhǒng rénshēng de zhìhuì. Lìrú, tōngguò guānkàn juésè de

成长和努力，我们可以学到很多美好的品质，这些对于
chéngzhǎng hé nǔlì, wǒmen kěyǐ xuédào hěn duō měihǎo de pǐnzhì, zhèxiē duìyú

个人成长都是非常有益的。
gèrén chéngzhǎng dōu shì fēicháng yǒuyì de.

　　追剧也是一种社交活动。在社交媒体上，我们可以
Zhuījù yěshì yì zhǒng shèjiāo huódòng. Zài shèjiāo méitǐ shàng, wǒmen kěyǐ

看到各种关于❸电视剧的讨论和评论，我们能够参与其中，
kàndào gèzhǒng guānyú diànshìjù de tǎolùn hé pínglùn, wǒmen nénggòu cānyù qízhōng,

与他人分享自己的观影感受，也增加与他人交流的机会。
yǔ tārén fēnxiǎng zìjǐ de guānyǐng gǎnshòu, yě zēngjiā yǔ tārén jiāoliú de jīhuì.

同时，通过观看相同的电视剧，我们也能与他人建立
Tóngshí, tōngguò guānkàn xiāngtóng de diànshìjù, wǒmen yě néng yǔ tārén jiànlì

◆ **电视剧** diànshìjù 드라마 ◆ **情感** qínggǎn 정감, 감정, 느낌 ◆ **过程** guòchéng 과정 ◆ **故事** gùshi 이야기, 스토리 ◆ **变化** biànhuà 변화(하다), 달라지다, 바뀌다 ◆ **从中** cóngzhōng 중간에서, 가운데에서 ◆ **智慧** zhìhuì 지혜, 슬기 ◆ **观看** guānkàn 관람하다, 보다 ◆ **品质** pǐnzhì 품성, 인품, 품질 ◆ **有益** yǒuyì 유익하다, 도움이 되다 ◆ **社交活动** shèjiāo huódòng 사교 활동 ◆ **社交媒体** shèjiāo méitǐ 소셜 미디어 ◆ **关于** guānyú ~에 관해서, ~에 관한 ◆ **讨论** tǎolùn 토론(하다) ◆ **评论** pínglùn 평론(하다), 논평 ◆ **观影感受** guānyǐng gǎnshòu 영화를 본 소감, 감상평 ◆ **增加** zēngjiā 증가하다, 더하다, 늘리다 ◆ **相同** xiāngtóng 서로 같다, 똑같다 ◆ **建立** jiànlì 이루다, 형성하다

共同的话题和兴趣，增进彼此的了解和友谊。
gòngtóng de huàtí hé xìngqù, zēngjìn bǐcǐ de liǎojiě hé yǒuyì.

总之，周末宅家追剧不仅是一种放松身心的娱乐方式，
Zǒngzhī, zhōumò zháijiā zhuījù bùjǐn shì yì zhǒng fàngsōng shēnxīn de yúlè fāngshì,

还能提供学习和社交的机会，是现代生活中不可或缺的
hái néng tígōng xuéxí hé shèjiāo de jīhuì, shì xiàndài shēnghuó zhōng bù kě huò quē de

一部分。
yíbùfen.

😊 확인하기

1. 드라마를 보면서 우리는 무엇을 배울 수 있나요?
   - ① 写小说的方法
   - ② 减轻压力的方法
   - ③ 解决问题的方法
   - ④ 人生的各种智慧

2. 왜 드라마를 보는 것을 일종의 사교 활동이라고 하나요?
   - ① 可以与他人讨论
   - ② 是一种休闲方式
   - ③ 能和朋友一起看
   - ④ 能体会到喜怒哀乐

总之 zǒngzhī 요컨대, 어쨌든, 결론적으로 • **不可或缺** bù kě huò quē 없어서는 안 된다, 꼭 필요하다 • **小说** xiǎoshuō 소설 • **减轻** jiǎnqīng 경감하다, 덜다 • **休闲** xiūxián 휴식 오락 활동, 레저 활동 • **体会** tǐhuì 체득(하다), 이해(하다)

어법 만나기

❶ 跟随 따르다

'跟随'는 동사로, 뒤를 따라가는 것을 의미하며 일반적으로 한 사람이나 사물이 다른 한 사람이나 사물을 따라 움직이거나 행동함을 묘사한다. '随着'는 개사로, 일반적으로 어떤 사건이나 상황이 다른 사건이나 상황이 발생함에 따라 변화하는 것을 묘사하는데 쓰인다.

- 他紧紧地跟随着我，担心自己走丢了。
  Tā jǐnjǐn de gēnsuízhe wǒ, dānxīn zìjǐ zǒudiū le.
  그는 자신이 길을 잃을까 봐 걱정돼서 나의 뒤를 바짝 따라다녔다.

- 随着气温的降低，感冒的人越来越多。
  Suízhe qìwēn de jiàngdī, gǎnmào de rén yuèláiyuè duō.
  기온이 낮아짐에 따라 감기에 걸린 사람이 점점 많아지고 있다.

❷ 作为A   A로서, A의 신분(자격)으로

개사로, '~로서'의 의미를 지니며 신분이나 역할을 나타낸다.

- 作为设计师，应该多了解消费者的需求。
  Zuòwéi shèjìshī, yīnggāi duō liǎojiě xiāofèizhě de xūqiú.
  디자이너로서 소비자의 요구를 더 많이 알아야 한다.

- 咖啡作为一种历史悠久的饮料，很受大众的欢迎。
  Kāfēi zuòwéi yì zhǒng lìshǐ yōujiǔ de yǐnliào, hěn shòu dàzhòng de huānyíng.
  커피는 역사가 유구한 음료로서 대중들에게 인기가 많다.

❸ 关于A   A에 관하여, A에 관한

'关于'는 개사로, 두 가지 기본 용법이 있다. 사물이 미치는 범위나 관련된 내용을 소개하고 개사구를 구성하며 명사나 명사성 구절 앞에 쓰여 관형어의 역할을 한다. 동작, 행위가 미치는 범위 또는 관련된 사물을 끌어들여 개사구를 구성하며 주어 앞에 쓰여 부사어 역할을 한다.

- 在会议结束后，我回答了《北京青年报》记者关于保护环境的问题。
  Zài huìyì jiéshù hòu, wǒ huídále 《Běijīng qīngniánbào》 jìzhě guānyú bǎohù huánjìng de wèntí.
  회의가 끝난 후 나는 〈베이징 청년신문〉 기자의 환경 보호에 관한 질문에 대답했다.

- 关于这次的实验结果，我们已经整理好了。
  Guānyú zhècì de shíyàn jiéguǒ, wǒmen yǐjīng zhěnglǐ hǎo le.
  이번 실험 결과에 대해서 우리는 이미 다 정리해 놓았다.

문제 만나기

1 보기 중 적절한 단어를 골라 빈칸을 채우세요.

> **보기** | 应对　　不可　　凝聚力　　往往　　丰富　　作为

① 旅行是一种了解世界、认识文化、＿＿＿＿＿人生经验的方式。

② 在旅行中，我们需要独立＿＿＿＿＿各种挑战和困难。

③ 团建是为了增进团队成员之间的感情和＿＿＿＿＿的活动。

④ 周末宅家追剧是现代生活中＿＿＿＿＿或缺的一部分。

⑤ 一部好的电视剧或者电影＿＿＿＿＿能让我们体验到不同的情感。

⑥ 追剧＿＿＿＿＿一种娱乐方式，能够让我们暂时忘记日常生活中的压力和烦恼。

2 밑줄 친 부분과 비슷한 뜻을 가진 단어를 고르세요.

① 传统的团建活动往往在办公室或室内进行，员工们容易感到**无趣**。

　　A 有益　　　B 轻松　　　C 没意思　　　D 紧张

② 旅行可以**提高**团队的合作能力。

　　A 发展　　　B 增强　　　C 进步　　　D 改变

③ 周末宅家追剧能**感受**到人世间的温暖和美好。

　　A 体验　　　B 发现　　　C 明白　　　D 知道

④ 通过观看相同的电视剧，我们也能**与**他人建立共同的话题和兴趣。

　　A 和　　　B 又　　　C 并　　　D 还

3 본문 내용에 따라 빈칸을 채우세요.

① 旅行式团建的活动内容＿＿＿＿＿＿，可以根据团队的不同需求和兴趣进行定制。

② 团建不仅能够放松身心，还可以增进＿＿＿＿＿＿的了解。

③ 追剧能够让我们暂时忘记日常生活中的＿＿＿＿＿＿。

④ 在追剧的过程中，我们能享受到故事带来的＿＿＿＿＿＿。

4 '往往'을 사용하여 문장을 바꿔 보세요.

① 每当夏天的时候，她就去海边。

→ _____

② 老师总是在星期三给我们读小说。

→ _____

5 '关于'를 사용하여 문장을 바꿔 보세요.

① 我们以后再谈她的工作问题。

→ _____

② 我们都同意去黄山旅游的事情。

→ _____

내 글씨로 독해 즐기기

■ 본문 속 문장들을 필사해 보세요.

[본문 1]

		旅	行	是	一	种	了
解	世	界	、	认	识	文	化
、丰	富	人	生	经	验	的	方
式	。						

[본문 2]

		追	剧	作	为	一	种
娱	乐	方	式	,	能	够	让
我	们	暂	时	忘	记	生	活
中	的	压	力	和	烦	恼	。

科技生活
과학기술 생활

 **用手机摄影记录生活**
스마트폰 촬영으로 일상 기록하기

본문2 **智能翻译可信吗?**
AI 번역, 믿을 수 있을까요?

用手机摄影记录生活
Yòng shǒujī shèyǐng jìlù shēnghuó

手机，这个小小的电子设备，已经成为我们生活中
Shǒujī, zhège xiǎoxiǎo de diànzǐ shèbèi, yǐjīng chéngwéi wǒmen shēnghuó zhōng

不可缺少的一部分。它不仅仅是一种通讯工具，也是记录美好
bùkě quēshǎo de yíbùfen. Tā bùjǐnjǐn shì yì zhǒng tōngxùn gōngjù, yěshì jìlù měihǎo

生活的工具。在忙忙碌碌的生活中，我们常常忽略了
shēnghuó de gōngjù. Zài mángmánglùlù de shēnghuó zhōng, wǒmen chángcháng hūlüèle

새단어

手机 shǒujī 핸드폰 휴대전화 ◆ **摄影** shèyǐng 촬영(하다) ◆ **记录** jìlù 기록(하다) ◆ **电子设备** diànzǐ shèbèi 전자 기기 ◆ **不可缺少** bùkě quēshǎo 없어서는 안 된다 ◆ **通讯** tōngxùn 통신(하다), 교신 ◆ **工具** gōngjù 공구, 수단, 도구 ◆ **忙忙碌碌** mángmánglùlù 매우 분주한, 대단히 바쁜 ◆ **忽略** hūlüè 소홀히 하다, 등한히 하다

身边的美，但是，只要我们用❶手机的镜头去❶追寻，就会发现
shēnbiān de měi, dànshì, zhǐyào wǒmen yòng shǒujī de jìngtóu qù zhuīxún, jiù huì fāxiàn

生活中其实包含了很多平凡的美丽。只要我们用心去
shēnghuó zhōng qíshí bāohánle hěn duō píngfán de měilì. Zhǐyào wǒmen yòngxīn qù

观察，用手机去记录，并用心去感受，你就会发现生活真的
guānchá, yòng shǒujī qù jìlù, bìng yòngxīn qù gǎnshòu, nǐ jiù huì fāxiàn shēnghuó zhēnde

十分美好。
shífēn měihǎo.

在这个网络发展迅速的时代，用手机记录生活已经
Zài zhège wǎngluò fāzhǎn xùnsù de shídài, yòng shǒujī jìlù shēnghuó yǐjīng

成为一种流行的生活方式，其中用手机拍摄自己的
chéngwéi yì zhǒng liúxíng de shēnghuó fāngshì, qízhōng yòng shǒujī pāishè zìjǐ de

人像照片的方法称为❷"自拍"。无论❸是在旅行途中，还是在
rénxiàng zhàopiàn de fāngfǎ chēngwéi "zìpāi". Wúlùn shì zài lǚxíng túzhōng, háishi zài

平淡的日常生活中，"自拍"都❸已经成为一种记录美好
píngdàn de rìcháng shēnghuó zhōng, "zìpāi" dōu yǐjīng chéngwéi yì zhǒng jìlù měihǎo

生活的手段。
shēnghuó de shǒuduàn.

"自拍"始终离不开拍摄的背景。有报告显示，最受
"zìpāi" shǐzhōng lí bu kāi pāishè de bèijǐng. Yǒu bàogào xiǎnshì, zuì shòu

---

身边 shēnbiān 신변, 몸 ◆ 镜头 jìngtóu 렌즈 ◆ 追寻 zhuīxún 추적하다, 찾다, 쫓다 ◆ 包含 bāohán 포함하다, 내포하다 ◆ 平凡 píngfán 평범하다 ◆ 美丽 měilì 미려하다, 아름답다 ◆ 用心 yòngxīn 마음을 쓰다, 심혈을 기울이다 ◆ 观察 guānchá 관찰(하다) ◆ 迅速 xùnsù 신속하다, 재빠르다 ◆ 时代 shídài 시대, 시기, 시절 ◆ 拍摄 pāishè 촬영하다, 사진을 찍다 ◆ 人像 rénxiàng 초상, 인물상 ◆ 照片 zhàopiàn 사진 ◆ 称为 chēngwéi ~라고 일컫다, ~으로 불리우다 ◆ 自拍 zìpāi 셀프 촬영, 셀카(셀프 카메라), 셀카를 찍다 ◆ 无论 wúlùn ~에도 불구하고, ~에 관계없이 ◆ 途中 túzhōng 도중 ◆ 平淡 píngdàn 평범하다, 수수하다 ◆ 手段 shǒuduàn 수단, 방법, 수법 ◆ 始终 shǐzhōng 시종, 언제나, 늘 ◆ 离不开 lí bu kāi 떨어질 수 없다, 떨어지지 못한다 ◆ 背景 bèijǐng 배경 ◆ 报告 bàogào 보고(하다), 보고서, 리포트 ◆ 显示 xiǎnshì 드러나다, 나타내다, 보여주다

欢迎的拍摄背景包括自然风光、天空、建筑、植物等等。
huānyíng de pāishè bèijǐng bāokuò zìrán fēngguāng、tiānkōng、jiànzhù、zhíwù děngděng.

其实，"自拍"还能激发我们的创意与个性。当你摆出各种姿势、
Qíshí, "zìpāi" hái néng jīfā wǒmen de chuàngyì yǔ gèxìng. Dāng nǐ bǎichū gèzhǒng zīshì、

选择不同的背景时，你就是在用手机为自己的生活添加
xuǎnzé bùtóng de bèijǐng shí, nǐ jiùshì zài yòng shǒujī wèi zìjǐ de shēnghuó tiānjiā

更多独特的色彩。
gèng duō dútè de sècǎi.

😊 확인하기

1. '셀프 촬영'은 무엇과 밀접한 관련이 있나요?
   - ① 地点
   - ② 人物
   - ③ 背景
   - ④ 时间

2. '셀프 촬영'은 우리에게 어떤 긍정적인 영향을 가져다주나요?
   - ① 能认识新朋友
   - ② 激发人的个性
   - ③ 游遍名胜古迹
   - ④ 了解世界美食

包括 bāokuò 포괄하다, 포함하다 ◆ 自然风光 zìrán fēngguāng 자연 풍경 ◆ 天空 tiānkōng 하늘 ◆ 建筑 jiànzhù 건축물 ◆ 植物 zhíwù 식물 ◆ 激发 jīfā 불러일으키다, 분발시키다 ◆ 创意 chuàngyì 창의성, 창의력 ◆ 个性 gèxìng 개성 ◆ 摆出 bǎichū (포즈를) 취하다 ◆ 姿势 zīshì 자세, 포즈 ◆ 添加 tiānjiā 첨가하다, 보태다 ◆ 独特 dútè 독특하다, 특수하다 ◆ 色彩 sècǎi 색채, 경향 ◆ 地点 dìdiǎn 장소, 위치 ◆ 人物 rénwù 인물 ◆ 游遍 yóubiàn 모두 둘러보며 여행하다

어법 만나기

❶ 用A去B A로 B하다

수단과 목적의 관계를 나타내는 구조로, 여기서 A는 일반적으로 B라는 목적을 실현하는데 필요한 구체적인 도구, 방법, 매개체, 태도 또는 행위 방식을 뜻한다. B는 A를 통해 달성한 원하던 결과나 목표를 뜻한다.

- 我们用书本去学习知识。
  Wǒmen yòng shūběn qù xuéxí zhīshi.
  우리는 책으로 지식을 배운다. ('책'은 수단, '지식을 배운다'는 목적)

- 我要用努力去创造未来。
  Wǒ yào yòng nǔlì qù chuàngzào wèilái.
  나는 노력으로 (나의) 미래를 만들 것이다. ('노력'은 수단, '미래를 만들다'는 목적)

❷ 称为A A라고 일컫다, A로 불리우다

사물이나 개념에 명확한 이름을 지정하는데 사용된다. '把A称为B(A를 B라고 부른다)', 'A被称为B(A는 B라고 불린다)', '称A为B(A를 B라고 부른다)'의 형식으로 자주 사용된다.

- 在化学上，人们把食盐称为氯化钠。
  Zài huàxué shàng, rénmen bǎ shíyán chēngwéi lǜhuànà.
  화학에서 사람들은 식염을 염화나트륨이라고 부른다.

- 在化学上，食盐被人们称为氯化钠。
  Zài huàxué shàng, shíyán bèi rénmen chēngwéi lǜhuànà.
  화학에서 식염은 사람들에게 염화나트륨이라고 불린다.

❸ 无论A，都/也B A든 B든 막론하고, A든 B든 관계없이

어떤 조건에서도 결과나 결론이 변하지 않음을 나타내는 접속사로, A는 일반적으로 임의의 뜻을 나타내는 의문사가 포함되어 있는 문장이거나 또는 선택 관계의 병렬된 문장을 사용해야 한다.

- 无论谁去，都必须做好准备。
  Wúlùn shéi qù, dōu bìxū zuòhǎo zhǔnbèi.
  누가 가든지 반드시 준비를 잘 해놓아야 한다. ('누가'는 의문사)

- 无论天气好还是不好，我们也要去参观故宫。
  Wúlùn tiānqì hǎo háishi bù hǎo, wǒmen yě yào qù cānguān Gùgōng.
  날씨가 좋든 나쁘든 우리는 고궁에 참관하러 갈 것이다. ('날씨가 좋든 나쁘든'은 선택문)

智能翻译可信吗?
Zhìnéng fānyì kěxìn ma?

人工智能翻译技术目前已经走向成熟，并且逐渐替代
Réngōng zhìnéng fānyì jìshù mùqián yǐjīng zǒuxiàng chéngshú, bìngqiě zhújiàn tìdài

人类进行翻译工作。然而，在享受人工智能翻译带来的便利
rénlèi jìnxíng fānyì gōngzuò. Rán'ér, zài xiǎngshòu réngōng zhìnéng fānyì dàilái de biànlì

的同时，我们也需要注意到它对翻译学习的影响。
de tóngshí, wǒmen yě xūyào zhùyì dào tā duì fānyì xuéxí de yǐngxiǎng.

새단어

智能 zhìnéng 지능, 스마트 ◆ 翻译 fānyì 번역하다, 통역하다 ◆ 可信 kěxìn 미덥다, 믿을 만하다 ◆ 人工 réngōng 인공의, 인위적인 ◆ 技术 jìshù 기술 ◆ 目前 mùqián 현재, 지금 ◆ 走向 zǒuxiàng ~로 가다, ~을 향해 나아가다 ◆ 成熟 chéngshú (기술이) 숙달되다, 숙련되다 ◆ 逐渐 zhújiàn 점차, 점점 ◆ 替代 tìdài 대체(하다) ◆ 人类 rénlèi 인류 ◆ 便利 biànlì 편리하게 하다, 편리하다

人工智能翻译具有很多的优势，它可以在❶短时间内❶
Réngōng zhìnéng fānyì jùyǒu hěn duō de yōushì, tā kěyǐ zài duǎnshíjiān nèi

完成大量的翻译工作，并且准确率很高，能够满足需求。
wánchéng dàliàng de fānyì gōngzuò, bìngqiě zhǔnquèlǜ hěn gāo, nénggòu mǎnzú xūqiú.

然而，人工智能翻译也存在一定的问题。由于人工智能翻译
Rán'ér, réngōng zhìnéng fānyì yě cúnzài yídìng de wèntí. Yóuyú réngōng zhìnéng fānyì

不能像人类一样具有语言运用能力，这使得它在翻译
bù néng xiàng rénlèi yíyàng jùyǒu yǔyán yùnyòng nénglì, zhè shǐde tā zài fānyì

专业性知识时存在一定的错误。另外，由于❷人工智能翻译
zhuānyèxìng zhīshi shí cúnzài yídìng de cuòwù. Lìngwài, yóuyú réngōng zhìnéng fānyì

技术的普及，可能会让人们更加依靠这种方式进行翻译，
jìshù de pǔjí, kěnéng huì ràng rénmen gèngjiā yīkào zhè zhǒng fāngshì jìnxíng fānyì,

而❷忽略了自身的外语能力。
ér hūlüèle zìshēn de wàiyǔ nénglì.

所以，我们需要适当地利用人工智能翻译技术，但不能
Suǒyǐ, wǒmen xūyào shìdàng de lìyòng réngōng zhìnéng fānyì jìshù, dàn bù néng

完全依赖它。人工智能翻译只是❸翻译的一种工具，而不是❸替代
wánquán yīlài tā. Réngōng zhìnéng fānyì zhǐshì fānyì de yì zhǒng gōngjù, ér bú shì tìdài

---

● **具有** jùyǒu 구비하다, 가지다 ● **优势** yōushì 우세, 우위, 장점 ● **大量** dàliàng 대량의, 대량으로 ● **准确率** zhǔnquèlǜ 정확도, 적중률 ● **存在** cúnzài 존재(하다), 현존(하다) ● **由于** yóuyú ~때문에, ~로 인하여 ● **像……一样** xiàng……yíyàng ~과 같이, ~처럼 ● **语言** yǔyán 언어 ● **运用** yùnyòng 운용(하다), 활용(하다), 응용(하다) ● **使得** shǐde ~한 결과를 낳다, ~하게 하다 ● **错误** cuòwù 오류, 실수 ● **另外** lìngwài 그밖에, 또, 그외에 ● **普及** pǔjí 보급되다, 대중화시키다 ● **依靠** yīkào 의지하다, 의존하다 ● **自身** zìshēn 자신, 본인 ● **外语** wàiyǔ 외국어 ● **适当** shìdàng 적당하다, 적절하다, 알맞다 ● **利用** lìyòng 이용(하다), 활용(하다), 응용(하다) ● **完全** wánquán 완전히, 전적으로, 전부 ● **依赖** yīlài 의지하다, 기대다, 의존하다

翻译的全部过程。只有在人类的理解基础上，才能取得更加
fānyì de quánbù guòchéng. Zhǐyǒu zài rénlèi de lǐjiě jīchǔ shàng, cáinéng qǔdé gèngjiā

准确的翻译结果。
zhǔnquè de fānyì jiéguǒ.

😊 확인하기

1. AI 번역은 어떤 부분에서 오류가 발생하기 쉽나요?

    ① 语言文化　　　　　　　② 科学经济
    ③ 传统风俗　　　　　　　④ 专业性知识

2. 어떻게 해야 더욱 정확한 번역 결과를 얻을 수 있을까요?

    ① 查阅更多的资料　　　　② 和专业人士讨论
    ③ 在人类的理解基础上　　④ 要有足够的时间

全部 quánbù 전부(의) ◆ **准确** zhǔnquè 정확하다, 확실하다 ◆ **结果** jiéguǒ 결과, 결실 ◆ **传统风俗** chuántǒng fēngsú 전통 풍속 ◆ **查阅** cháyuè 검열하다 ◆ **资料** zīliào 자료 ◆ **专业人士** zhuānyè rénshì 전문가, 전문 인력 ◆ **足够** zúgòu 족하다, 충분하다

어법 만나기

① 在A内 A 내, A(안)에서

이 구조는 어떤 제한적인 범위를 나타내며 이 범위에는 시간, 공간 및 추상적인 사물 등이 포함된다.

- 请在两周内把报告交给我们。
  Qǐng zài liǎng zhōu nèi bǎ bàogào jiāogěi wǒmen.
  2주 내에 보고서를 저희 쪽에 제출해 주세요. (시간)

- 在公园内，孩子们正在踢足球。
  Zài gōngyuán nèi, háizimen zhèngzài tī zúqiú.
  공원안에서 아이들이 축구를 하고 있다. (공간)

② 由于A，而B A로 인해 B하다

인과 관계를 나타내는 형식으로, A는 원인이나 이유를 나타내는데 '因为'의 용법과 비슷하며, B는 A로 인해 일어난 결과나 결론을 나타낸다.

- 由于技术不断进步，我们的生活而变得越来越便利。
  Yóuyú jìshù búduàn jìnbù, wǒmen de shēnghuó ér biàn de yuèláiyuè biànlì.
  기술의 끊임없는 발전으로 우리의 생활이 점점 더 편리해지고 있다.

- 由于他的出色表演，而得到了老师的表扬。
  Yóuyú tā de chūsè biǎoyǎn, ér dédàole lǎoshī de biǎoyáng.
  그는 뛰어난 연기로 선생님의 칭찬을 받았다.

③ 只是A，不是B A일 뿐이지 B가 아니다

병렬 구조의 문장 형식으로, 일반적으로 서로 다른 상황을 대조하거나 열거하는데 사용한다. 여기서 '只是'는 전환이나 강조를 나타내고, '不是'는 뒤의 내용을 부정하는 역할을 한다.

- 他只是不想去，不是因为没有时间。
  Tā zhǐshì bù xiǎng qù, bú shì yīnwèi méiyǒu shíjiān.
  그는 단지 가고 싶지 않을 뿐, 시간이 없는 것이 아니다.

- 他只是不想和你说话，不是不喜欢说话。
  Tā zhǐshì bù xiǎng hé nǐ shuōhuà, bú shì bù xǐhuan shuōhuà.
  그는 단지 너와 이야기하고 싶지 않을 뿐, 말하는 것을 싫어하는 것이 아니다.

문제 만나기

1 보기 중 적절한 단어를 골라 빈칸을 채우세요.

> **보기** | 注意　　满足　　成为　　忽略　　普及　　记录

① 在忙忙碌碌的生活中，我们常常_____了身边的美。

② 手机已经_____我们生活中不可缺少的一部分。

③ 手机是_____美好生活的工具。

④ 我们需要_____到人工智能翻译技术对翻译学习的影响。

⑤ 由于人工智能翻译技术的_____，可能会让人们更加依靠这种方式进行翻译。

⑥ 人工智能翻译的准确率很高，能够_____需求。

2 밑줄 친 부분과 비슷한 뜻을 가진 단어를 고르세요.

① 只要我们用手机的镜头去追寻，就会发现生活中包含了很多**平凡**的美丽。
　　A 真的　　　B 十分　　　C 非常　　　D 普通

② "自拍"**始终**离不开拍摄背景。
　　A 暂时　　　B 以后　　　C 一直　　　D 延长

③ 我们享受人工智能翻译带来的**便利**。
　　A 长处　　　B 方便　　　C 容易　　　D 优势

④ 我们需要适当地利用人工智能翻译技术，但不能完全**依赖**它。
　　A 依靠　　　B 流行　　　C 影响　　　D 忽略

3 본문 내용에 따라 빈칸을 채우세요.

❶ 手机不仅仅是一种_____，也是记录美好生活的工具。

❷ 用手机记录生活已经成为一种流行的_____。

❸ 人工智能翻译只是翻译的一种工具，而不是替代翻译的_____。

❹ 人工智能翻译不能_____人类_____具有语言运用能力。

4 '……用……去'를 사용하여 두 문장을 한 문장으로 바꿔 보세요.

❶ A) 科学家利用科学技术，B) 改变世界。

→ _____

❷ A) 老师利用知识，B) 教育学生。

→ _____

5 '像……一样'을 사용하여 두 문장을 한 문장으로 바꿔 보세요.

❶ A) 弟弟的脸蛋又圆又红，B) 苹果又圆又红。

→ _____

❷ A) 智能机器人很聪明，B) 人类也很聪明。

→ _____

내 글씨로 독해 즐기기

■ 본문 속 문장들을 필사해 보세요.

[본문 1]

手机不仅仅是
一种通讯工具，也
是让求美好生活的
工具。

[본문 2]

我们需要适当
地利用人工智能翻
译技术，但不能完
全依赖它。

6과

文化生活

문화 생활

본문 1 Chill文化，你了解吗？
Chill 문화를 아시나요?

본문 2 花钱"代抢"博物馆的免费票
유료 '대리 티켓팅'으로 박물관 무료 입장권 구하기

Chill文化，你了解吗？
Chill wénhuà, nǐ liǎojiě ma?

在英语中，Chill有多种含义，但在现代口语中，
Zài Yīngyǔ zhōng, Chill yǒu duō zhǒng hányì, dàn zài xiàndài kǒuyǔ zhōng,

它更多地被理解为放松和悠闲。例如，当有人说
tā gèng duō de bèi lǐjiě wéi fàngsōng hé yōuxián. Lìrú, dāng yǒu rén shuō

"I'm just chilling."时，这通常意味着❶他们正在放松❷
"I'm just chilling." shí, zhè tōngcháng yìwèizhe tāmen zhèngzài fàngsōng

새단어

英语 Yīngyǔ 영어 ◆ 含义 hányì 내포된 뜻, 함의 ◆ 口语 kǒuyǔ 구어, 입말 ◆ 悠闲 yōuxián 느긋하다, 한가롭다 ◆ 通常 tōngcháng 통상, 일반, 보통 ◆ 意味着 yìwèizhe 의미하다, 뜻하다

或 享受❷ 悠闲时光。Chill文化就是一种追求悠闲、自在的
huò xiǎngshòu yōuxián shíguāng. Chill wénhuà jiùshì yì zhǒng zhuīqiú yōuxián、zìzài de

生活方式，强调放松身心、享受生活的感觉。
shēnghuó fāngshì, qiángdiào fàngsōng shēnxīn、xiǎngshòu shēnghuó de gǎnjué.

在这个快节奏的社会里，Chill文化会让你在忙碌中
Zài zhège kuài jiézòu de shèhuì lǐ, Chill wénhuà huì ràng nǐ zài mánglù zhōng

找到平静与自在。它可能是周末午后的一杯咖啡，一本好书，
zhǎodào píngjìng yǔ zìzài. Tā kěnéng shì zhōumò wǔhòu de yì bēi kāfēi, yì běn hǎo shū,

或者是一个人静静的散步。Chill文化追求的是一种"慢生活"，
huòzhě shì yí ge rén jìngjìng de sànbù. Chill wénhuà zhuīqiú de shì yì zhǒng "màn shēnghuó",

让我们学会在繁忙中找寻平衡，拒绝焦虑。它 不仅仅❸ 是
ràng wǒmen xuéhuì zài fánmáng zhōng zhǎoxún pínghéng, jùjué jiāolǜ. Tā bùjǐnjǐn shì

对生活的热爱，更❸ 是对自我内心世界的尊重和照顾。
duì shēnghuó de rè'ài, gèng shì duì zìwǒ nèixīn shìjiè de zūnzhòng hé zhàogù.

Chill文化是一种追求心灵放松、享受生活的态度，
Chill wénhuà shì yì zhǒng zhuīqiú xīnlíng fàngsōng、xiǎngshòu shēnghuó de tàidu,

通过营造舒适的生活环境和选择适合自己的生活方式
tōngguò yíngzào shūshì de shēnghuó huánjìng hé xuǎnzé shìhé zìjǐ de shēnghuó fāngshì

时光 shíguāng 시간, 때, 시기, 시절 ◆ 追求 zhuīqiú 추구하다, 지향하다 ◆ 自在 zìzài 자유롭다, 편안하다, 안락하다 ◆ 强调 qiángdiào 강조하다 ◆ 节奏 jiézòu 리듬, 템포, 일정한 규칙 ◆ 平静 píngjìng 평온하다, 차분하다, 조용하다 ◆ 午后 wǔhòu 오후 ◆ 咖啡 kāfēi 커피 ◆ 静静 jìngjìng 잔잔하다, 고요하다, 조용하다 ◆ 散步 sànbù 산보하다, 산책하다 ◆ 学会 xuéhuì 습득하다, 배워서 알다 ◆ 找寻 zhǎoxún 찾다 ◆ 拒绝 jùjué 거절하다, 거부하다 ◆ 自我 zìwǒ 자아, 자기 자신 ◆ 内心世界 nèixīn shìjiè 내면 세계, 내적 세계 ◆ 尊重 zūnzhòng 존중하다, 중시하다 ◆ 照顾 zhàogù 돌보다, 보살펴 주다, 배려하다 ◆ 心灵 xīnlíng 마음, 심령 ◆ 营造 yíngzào 만들다, 조성하다 ◆ 舒适 shūshì 기분이 좋다, 쾌적하다, 편하다 ◆ 适合 shìhé 적합하다, 부합하다, 알맞다, 적절하다

来实现。这种文化不仅关注物质环境的舒适，也强调
lái shíxiàn. Zhè zhǒng wénhuà bùjǐn guānzhù wùzhì huánjìng de shūshì, yě qiángdiào

精神上的放松和满足。它不需要他人认可，只要自己感到
jīngshén shàng de fàngsōng hé mǎnzú. Tā bù xūyào tārén rènkě, zhǐyào zìjǐ gǎndào

舒适和快乐，那就是最真实的Chill态度！因此，"松弛感"
shūshì hé kuàilè, nà jiùshì zuì zhēnshí de Chill tàidu!　　Yīncǐ, "sōngchí gǎn"

这一流行词也应运而生。
zhè yī liúxíngcí yě yìng yùn ér shēng.

😊 확인하기

1. 빠르게 움직이는 사회 안에서 Chill 문화는 무엇을 지향하나요?
   - ❶ 缓解紧张
   - ❷ 平静自在
   - ❸ 尊重他人
   - ❹ 照顾父母

2. 진정으로 편안하고 여유로운 자세는 무엇인가요?
   - ❶ 生活要简单
   - ❷ 追求富有生活
   - ❸ 不需要他人认可
   - ❹ 得到他人的尊重

实现 shíxiàn 실현하다, 달성하다 ◆ **关注** guānzhù 관심(을 가지다), 주목하다 ◆ **物质** wùzhì 물질 ◆ **认可** rènkě 승낙(하다), 인가(하다), 허가(하다) ◆ **真实** zhēnshí 진실하다 ◆ **松弛** sōngchí 느슨하게 하다, 풀다, 이완하다 ◆ **应运而生** yìng yùn ér shēng 시대의 요구에 의해서 나타나다 ◆ **富有** fùyǒu 부유하다, 유복하다

1. 意味着 의미하다, 뜻하다

하나의 완전한 동사 단어로, 어떤 의미를 나타내거나 어떤 의미를 가지고 있음을 뜻한다.
'……的A意味着……的B'의 형식으로 쓰이는데, 이때 A와 B에는 동사성 단어가 주로 나온다.

- 科学的发展意味着人类的进步。
  Kēxué de fāzhǎn yìwèizhe rénlèi de jìnbù.
  과학의 발전은 인류의 진보를 의미한다.

- 这个决定意味着公司将要有很大的改变。
  Zhège juédìng yìwèizhe gōngsī jiāng yào yǒu hěn dà de gǎibiàn.
  이 결정은 회사에 곧 거대한 변화가 있을 것임을 의미한다.

2. 正在+동사 ~하고 있는 중이다

부사로, 동사 앞에 쓰여 동작이 진행되고 있거나 상태가 지속되고 있음을 나타내며 또는 어떤 동작이나 상태가 발생하고 있음을 설명할 때 사용한다.

- 他正在吃晚饭。 그는 지금 저녁을 먹고 있다.
  Tā zhèngzài chī wǎnfàn.

- 情况正在一天天变化。 상황이 나날이 변하고 있다.
  Qíngkuàng zhèngzài yìtiāntiān biànhuà.

3. 不仅仅A，更B A뿐만 아니라 B이다

여기서 '更'은 부사로, 마지막 단문에 쓰여 B가 더욱 부각된 내용임을 강조한다. '不仅'은 단지 사실을 서술하는 것으로 어투가 평범하지만 '不仅仅'은 어투를 강화하여 강조 또는 부각시키는 의미를 나타낸다.

- 旅行不仅仅是看风景，更能体验到不同的风土人情。
  Lǚxíng bùjǐnjǐn shì kàn fēngjǐng, gèng néng tǐyàn dào bùtóng de fēngtǔ rénqíng.
  여행은 단지 경치를 보는 것이 아니라 서로 다른 지역 풍토와 인심을 경험할 수 있다.

- 春节不仅仅是一个传统的节日，更是全家人团聚的日子。
  Chūnjié bùjǐnjǐn shì yí ge chuántǒng de jiérì, gèng shì quánjiārén tuánjù de rìzi.
  춘제는 전통적인 명절일 뿐만 아니라 온 가족이 모이는 날이다.

花钱"代抢"博物馆的免费票
Huāqián "dài qiǎng" bówùguǎn de miǎnfèi piào

暑期临近，博物馆迎来❶参观热潮❶。数据显示，2025年，
Shǔqī línjìn, bówùguǎn yínglái cānguān rècháo. Shùjù xiǎnshì, èr líng èr wǔ nián,

中国博物馆总数达7000多家，排名全球前列，而且
Zhōngguó bówùguǎn zǒngshù dá qīqiān duō jiā, páimíng quánqiú qiánliè, érqiě

博物馆还实行免费开放政策。可是，许多免门票的
bówùguǎn hái shíxíng miǎnfèi kāifàng zhèngcè. Kěshì, xǔduō miǎn ménpiào de

새단어

花钱 huāqián 돈을 쓰다 • 代抢 dài qiǎng 대리 티켓팅, 대리 구매(하다) • 博物馆 bówùguǎn 박물관 • 免费 miǎnfèi 무료로 하다 • 票 piào 표, 티켓 • 暑期 shǔqī 하계, 여름 방학 기간 • 临近 línjìn (시간, 거리상) 접근하다, 근접하다 • 迎来 yínglái 맞이하다, 맞다 • 参观 cānguān 참관하다, 견학하다 • 热潮 rècháo 열기, (최)고조, 붐 • 数据 shùjù 데이터, 통계 수치 • 总数 zǒngshù 총수, 총액 • 排名 páimíng 랭킹, 순위 • 全球 quánqiú 전 세계, 전 지구 • 前列 qiánliè 전열, 앞의 줄 • 实行 shíxíng 실행하다 • 开放 kāifàng (출입, 통행을) 개방하다 • 政策 zhèngcè 정책 • 门票 ménpiào 입장권

博物馆都难以预约。通过网络搜索发现，不少原本免费
bówùguǎn dōu nányǐ yùyuē. Tōngguò wǎngluò sōusuǒ fāxiàn, bùshǎo yuánběn miǎnfèi

的门票却在网络上大量出现，且价格超过原价，甚至
de ménpiào què zài wǎngluò shàng dàliàng chūxiàn, qiě jiàgé chāoguò yuánjià, shènzhì

还有人在网络上提供有偿代抢以及预约服务。
hái yǒu rén zài wǎngluò shàng tígōng yǒucháng dài qiǎng yǐjí yùyuē fúwù.

目前只要博物馆开票，一定是秒没。很多想要参观的
Mùqián zhǐyào bówùguǎn kāipiào, yídìng shì miǎo méi. Hěn duō xiǎngyào cānguān de

观众无法购票，就只能花钱请人"代抢"博物馆的免费
guānzhòng wúfǎ gòupiào, jiù zhǐnéng huāqián qǐng rén "dài qiǎng" bówùguǎn de miǎnfèi

票，但这样一来，博物馆免费开放的政策也就失去了意义。
piào, dàn zhèyàng yìlái, bówùguǎn miǎnfèi kāifàng de zhèngcè yě jiù shīqùle yìyì.

事实上，对游客来说，花钱请人"代抢"博物馆的
Shìshíshang, duì yóukè láishuō, huāqián qǐngrén "dài qiǎng" bówùguǎn de

免费票本来是不对的，这是破坏社会秩序的一种行为。
miǎnfèi piào běnlái shì búduì de, zhè shì pòhuài shèhuì zhìxù de yì zhǒng xíngwéi.

对博物馆来说，游客预约不上的根本原因在于❷供需不
Duì bówùguǎn láishuō, yóukè yùyuē bú shàng de gēnběn yuányīn zàiyú gōngxū bù

难以 nányǐ ~하기 어렵다 • **预约** yùyuē 예약(하다) • **搜索** sōusuǒ 수색(하다), 찾다, 검색하다 • **原本** yuánběn 원래, 본래 • **价格** jiàgé 가격 • **超过** chāoguò 초과하다, 추월하다, 따라 앞서다 • **原价** yuánjià 원가, 정가 • **有偿** yǒucháng 유상의 • **开票** kāipiào 표를 팔기 시작하다 • **秒没** miǎo méi 몇 초 사이에 없어지다 • **观众** guānzhòng 관중, 관람객 • **无法** wúfǎ ~할 방법이 없다 • **购票** gòupiào 표를 사다 • **这样一来** zhèyàng yìlái 이렇게 되면 • **事实上** shìshíshang 사실상, 실제 • **游客** yóukè 관광객, 관람객 • **本来** běnlái 본래, 원래 • **不对** búduì 정상이 아니다, 틀리다 • **破坏** pòhuài 훼손하다, 손해를 입히다, 파괴하다 • **秩序** zhìxù 질서, 순서 • **行为** xíngwéi 행위, 행동 • **根本** gēnběn 근본, 기초 • **原因** yuányīn 원인 • **在于** zàiyú ~에 있다, ~에 달려 있다 • **供需** gōngxū 공급과 수요

平衡。要想❸解决这一问题，博物馆就❸需要增加供给，各地
pínghéng. Yào xiǎng jiějué zhè yí wèntí, bówùguǎn jiù xūyào zēngjiā gōngjǐ, gèdì

博物馆可通过在高峰时期延长开放时间、增加夜场
bówùguǎn kě tōngguò zài gāofēng shíqī yáncháng kāifàng shíjiān、zēngjiā yèchǎng

等措施，满足游客参观需求。在解决"一票难求"问题的同时，
děng cuòshī, mǎnzú yóukè cānguān xūqiú. Zài jiějué "yí piào nánqiú" wèntí de tóngshí,

也要进一步提高博物馆的公共服务水平，让更多游客
yě yào jìnyíbù tígāo bówùguǎn de gōnggòng fúwù shuǐpíng, ràng gèng duō yóukè

感受博物馆的魅力。
gǎnshòu bówùguǎn de mèilì.

😊 확인하기

1. 왜 돈을 주고 무료 입장권을 '대리 구매'하는 것은 옳지 않은 행위인가요?
   - ❶ 浪费金钱
   - ❷ 麻烦别人
   - ❸ 是违法行为
   - ❹ 破坏社会秩序

2. 관람객이 입장권 예약이 어려운 본질적인 원인은 무엇인가요?
   - ❶ 假期人太多
   - ❷ 开放时间短
   - ❸ 供需不平衡
   - ❹ 网络速度慢

供给 gōngjǐ 공급(하다), 급여(하다) • **高峰时期** gāofēng shíqī 고조기, 전성기, 성수기 • **延长** yáncháng 연장(하다) • **夜场** yèchǎng 야간 개장 • **措施** cuòshī 조치(하다), 대책(을 행하다) • **公共** gōnggòng 공공의, 공용의 • **水平** shuǐpíng 수준, 레벨 • **魅力** mèilì 매력 • **金钱** jīnqián 금전, 돈 • **违法** wéifǎ 위법하다, 법을 어기다 • **速度** sùdù 속도

어법 만나기

① 迎来A热潮 A의 붐이 일다, A의 열기가 뜨겁다

고정 짝꿍으로, 어떤 곳이나 어떤 분야에서 모종의 호황을 누리고 있는 형세나 현상이 나타났음을 의미하며 사람들의 많은 관심을 받을 뿐만 아니라 사람들도 거기에 참여하고 있음을 나타낸다.

- 全国各地景点**迎来**了参观**热潮**。 전국 각지의 관광지는 여행객들로 붐비고 있다.
  Quánguó gèdì jǐngdiǎn yíngláile cānguān rècháo.

- 春节期间，全国**迎来**了消费**热潮**。 춘제 기간 전국에는 소비의 열풍이 불고 있다.
  Chūnjié qījiān, quánguó yíngláile xiāofèi rècháo.

② 在于A A에 있다, A에 달려 있다

동사로, 사물 본질의 출처를 가리키며 '就是(바로 ~이다)' 또는 '正是(바로 ~이다)'와 같은 의미이다.

- 学习的目的**在于**提高自己的文化水平。
  Xuéxí de mùdì zàiyú tígāo zìjǐ de wénhuà shuǐpíng.
  공부의 목적은 자신의 문화 수준을 높이는 데 있다.

- 取得成功的人的特点**在于**不放弃努力。
  Qǔdé chénggōng de rén de tèdiǎn zàiyú bú fàngqì nǔlì.
  성공한 사람들의 특징은 바로 포기하지 않고 노력하는 것에 있다.

③ 要想(要是)A，就B A하려면 B해야 한다

가정 관계를 나타내는 접속사로, A 단문은 가설을 제시하고 B 단문은 가설이 실현된 결과를 나타낸다. '如果A, 就B'의 용법과 비슷하다.

- **要想**去外国留学，**就**应该先学好外语。
  Yàoxiǎng qù wàiguó liúxué, jiù yīnggāi xiān xuéhǎo wàiyǔ.
  외국에 유학을 가려면 먼저 외국어를 잘 배워야 한다.

- **要是**早点计划好，**就**不会浪费这么多时间。
  Yàoshi zǎodiǎn jìhuà hǎo, jiù bú huì làngfèi zhème duō shíjiān.
  일찍 계획을 세웠다면 이렇게 많은 시간을 낭비하지 않았을 것이다.

문제 만나기

1 보기 중 적절한 단어를 골라 빈칸을 채우세요.

| 보기 | 通常 本来 搜索 追求 实行 找寻 |

① Chill文化_____的是一种"慢生活"。

② Chill文化让我们学会在繁忙中_____平衡，拒绝焦虑。

③ 当有人说"I'm just chilling."时，这_____意味着他们正在放松或享受悠闲时光。

④ 博物馆还_____免费开放政策。

⑤ 对游客来说，花钱请人"代抢"博物馆的免费票_____是不对的。

⑥ 通过网络_____发现，不少原本免费的门票却在网络上大量出现。

2 밑줄 친 부분과 비슷한 뜻을 가진 단어를 고르세요.

① 在英语中，Chill有多种**含义**。

　A 意义　　　B 问题　　　C 答案　　　D 方式

② Chill文化就是一种追求悠闲、**自在**的生活方式。

　A 平静　　　B 放松　　　C 自己　　　D 自由

③ 许多免门票的博物馆都**难以**预约。

　A 很难　　　B 很快　　　C 容易　　　D 暂时

④ 很多想要参观的观众无法购票，就**只能**花钱请人"代抢"门票。

　A 不能　　　B 只好　　　C 可能　　　D 而且

78　6과 文化生活

3 본문 내용에 따라 다음 빈칸을 채우세요.

❶ Chill文化强调放松身心、_____的感觉。

❷ 在这个_____的社会里，Chill文化会让你在忙碌中找到平静与自在。

❸ 各地博物馆可通过在高峰时期延长_____来满足游客参观需求。

❹ 很多免费的门票却在网络上大量出现，且价格_____。

4 '正在'를 사용하여 문장을 바꿔 보세요.

❶ 他们打扫房间的时候，电话来了。

→ _____

❷ 人们散步时，突然下大雨了。

→ _____

5 '在于'를 사용하여 문장을 바꿔보세요.

❶ 他们的错误就是不认真工作。

→ _____

❷ 成功的关键正是不断地挑战自我。

→ _____

내 글씨로 독해 즐기기

■ 본문 속 문장들을 필사해 보세요.

[본문 1]

Chill 文化就是一种追求悠闲、自在的生活方式，强调放松身心。

[본문 2]

要进一步提高博物馆的公共服务水平，让更多游客感受博物馆的魅力。

7과

网络经济

인터넷 경제

본문 1 网红对产品的影响力
제품에 미치는 인플루언서의 영향력

본문 2 网店与实体店
온라인 쇼핑몰과 오프라인 매장

网红对产品的影响力
Wǎnghóng duì chǎnpǐn de yǐngxiǎnglì

网络红人的影响力不能不重视，他们的粉丝数量
Wǎngluò hóngrén de yǐngxiǎnglì bù néng bú zhòngshì, tāmen de fěnsī shùliàng

庞大，拥有强大的传播力和购买力。因此，越来越多的企业
pángdà, yōngyǒu qiángdà de chuánbōlì hé gòumǎilì. Yīncǐ, yuèláiyuè duō de qǐyè

开始利用网络红人来推广自己的产品**以此**❶提高销售额。
kāishǐ lìyòng wǎngluò hóngrén lái tuīguǎng zìjǐ de chǎnpǐn yǐcǐ tígāo xiāoshòu'é.

🌸 새단어

网红 wǎnghóng 인플루언서 ◆ **影响力** yǐngxiǎnglì 영향력 ◆ **网络红人** wǎngluò hóngrén 인플루언서 ◆ **重视** zhòngshì 중시(하다), 중요시(하다) ◆ **粉丝** fěnsī 팬(fans), 팬덤, 팔로워 ◆ **数量** shùliàng 수량, 양 ◆ **庞大** pángdà 방대하다, 거대하다 ◆ **强大** qiángdà 강대하다 ◆ **传播力** chuánbōlì 전파력 ◆ **购买力** gòumǎilì 구매력 ◆ **企业** qǐyè 기업 ◆ **推广** tuīguǎng 널리 보급하다, 확충하다, 확대하다 ◆ **以此** yǐcǐ 그래서, 그러므로, 이 때문에 ◆ **销售额** xiāoshòu'é 매출액, 판매액

那么，网络红人对产品销售的影响力究竟有多大呢？
Nàme, wǎngluò hóngrén duì chǎnpǐn xiāoshòu de yǐngxiǎnglì jiūjìng yǒu duōdà ne?

网络红人通过直播、短视频、微博等多种形式
Wǎngluò hóngrén tōngguò zhíbō、duǎnshìpín、wēibó děng duōzhǒng xíngshì

展示商品，引导粉丝进行购买。这种推广方式不仅
zhǎnshì shāngpǐn, yǐndǎo fěnsī jìnxíng gòumǎi. Zhè zhǒng tuīguǎng fāngshì bùjǐn

能够增加产品的曝光率，还能够提高产品的知名度，
nénggòu zēngjiā chǎnpǐn de bàoguānglǜ, hái nénggòu tígāo chǎnpǐn de zhīmíngdù,

从而❷吸引更多的消费者。同时粉丝的购买力也是非常
cóng'ér xīyǐn gèng duō de xiāofèizhě. Tóngshí fěnsī de gòumǎilì yěshì fēicháng

强大的，当网络红人推荐某个产品时，粉丝们自然会
qiángdà de, dāng wǎngluò hóngrén tuījiàn mǒu ge chǎnpǐn shí, fěnsīmen zìrán huì

选择并购买，从而❷带来销售额的提升。
xuǎnzé bìng gòumǎi, cóng'ér dàilái xiāoshòu'é de tíshēng.

很多企业会选择与网络红人进行合作，通过
Hěn duō qǐyè huì xuǎnzé yǔ wǎngluò hóngrén jìnxíng hézuò, tōngguò

网络红人在网络上的影响来提升企业的品牌形象。
wǎngluò hóngrén zài wǎngluò shàng de yǐngxiǎng lái tíshēng qǐyè de pǐnpái xíngxiàng.

当消费者看到自己喜欢的网络红人推荐某个品牌时，
Dāng xiāofèizhě kàndào zìjǐ xǐhuan de wǎngluò hóngrén tuījiàn mǒu ge pǐnpái shí,

---

销售 xiāoshòu 팔다, 판매하다 ◆ **究竟** jiūjìng 도대체, 대관절 ◆ **直播** zhíbō 생방송(하다), 라이브 방송 ◆ **短视频** duǎn shìpín 쇼트클립, 숏폼 ◆ **微博** wēibó 웨이보, 미니 블로그 ◆ **形式** xíngshì 형식, 형태 ◆ **展示** zhǎnshì 전시하다, 보여주다, 선보이다 ◆ **引导** yǐndǎo 인도하다, 이끌다 ◆ **曝光率** bàoguānglǜ 노출(빈)도, 노출률 ◆ **知名度** zhīmíngdù 지명도, 인지도 ◆ **从而** cóng'ér 따라서, 그리하여, ~함으로써 ◆ **吸引** xīyǐn 끌어당기다, 매료시키다 ◆ **推荐** tuījiàn 추천하다 ◆ **提升** tíshēng 높이다, 향상시키다, 끌어올리다 ◆ **品牌** pǐnpái 브랜드 ◆ **形象** xíngxiàng 형상, 이미지

就会**倾向于❸**选择这个品牌，**从而❷**提高品牌的知名度。
jiù huì qīngxiàng yú xuǎnzé zhège pǐnpái, cóng'ér tígāo pǐnpái de zhīmíngdù.

总之，网络红人对产品销售的影响力是巨大的。
Zǒngzhī, wǎngluò hóngrén duì chǎnpǐn xiāoshòu de yǐngxiǎnglì shì jùdà de.

他们在推广、销售和传播等方面都能够带来
Tāmen zài tuīguǎng、xiāoshòu hé chuánbō děng fāngmiàn dōu nénggòu dàilái

很多的效益。因此，企业应该重视网络红人的影响力，
hěn duō de xiàoyì. Yīncǐ, qǐyè yīnggāi zhòngshì wǎngluò hóngrén de yǐngxiǎnglì,

积极与他们进行合作，从而将自己的企业推向更大的市场。
jījí yǔ tāmen jìnxíng hézuò, cóng'ér jiāng zìjǐ de qǐyè tuīxiàng gèng dà de shìchǎng.

😊 확인하기

1. 인플루언서의 영향력을 중시해야 할 이유가 아닌 것은 무엇인가요?
   ❶ 购买力大　　　　　　❷ 年纪不大
   ❸ 传播力大　　　　　　❹ 粉丝量大

2. 많은 기업들은 인플루언서와의 협업을 통해 어떤 목적을 달성할 수 있나요?
   ❶ 扩大企业规模　　　　❷ 可以降低价格
   ❸ 提高产品质量　　　　❹ 提升品牌形象

倾向 qīngxiàng 경향, 추세 ◆ **巨大** jùdà 거대하다 ◆ **传播** chuánbō 널리 퍼뜨리다, 전파하다 ◆ **效益** xiàoyì 효과와 이익, 수익성 ◆ **推向** tuīxiàng 끌어올리다, 진출하다 ◆ **年纪** niánjì 연령, 나이 ◆ **规模** guīmó 규모

어법 만나기

1 以此 ~으로, 그래서, 그러므로

개사로 쓰여 어떤 사물을 활용하거나 어떤 사물을 근거로 하는 것을 말한다. 또, 접속사로 쓰이기도 하는데, 인과 관계를 나타내며 '因此'와 뜻이 비슷하다.

- **在休息时，他通常会玩玩游戏或者看看电影，以此来放松自己。**
  Zài xiūxi shí, tā tōngcháng huì wánwan yóuxì huòzhě kànkan diànyǐng, yǐcǐ lái fàngsōng zìjǐ.
  휴식 시간에 그는 보통 게임을 하거나 영화를 보면서 긴장을 푼다.

- **我们要不断学习，以此提升自我素养。**
  Wǒmen yào búduàn xuéxí, yǐcǐ tíshēng zìwǒ sùyǎng.
  우리는 끊임없이 공부하여 (이것으로) 자신의 소양을 높여야 한다.

2 从而 따라서, 그리하여, ~함으로써

인과 관계를 나타내는 접속사이다. '从而' 앞의 내용은 원인이나 조건을 나타내고, '从而'을 사용하여 결과와 목적을 이끌어낸다. 일반적으로 뒤 문장의 시작 부분에 쓰여 앞 문장의 주어를 그대로 사용한다.

- **我是一个喜欢旅游的人，从而养成了自己做饭的习惯。**
  Wǒ shì yí ge xǐhuan lǚyóu de rén, cóng'ér yǎngchéngle zìjǐ zuòfàn de xíguàn.
  나는 여행을 좋아하는 사람이라서 스스로 요리하는 습관을 길렀다.

- **科学家们不断进行研究，从而取得了很大的成就。**
  Kēxuéjiāmen búduàn jìnxíng yánjiū, cóng'ér qǔdéle hěn dà de chéngjiù.
  과학자들은 끊임없이 연구하여 큰 성과를 얻었다.

3 倾向于A A로 기울다, A쪽으로 치우치다

'倾向'은 동사로, 뒤에 '于'를 사용하면 두 개 또는 여러 개 중에서 A를 우선적으로 고려하거나 채택할 가능성이 높음을 나타낸다. 즉, A를 더 선호한다는 뜻이다.

- **两种意见我更倾向于前面一种。** 두 가지 의견에서 나는 앞의 의견을 더 선호한다.
  Liǎng zhǒng yìjiàn wǒ gèng qīngxiàng yú qiánmian yì zhǒng.

- **比起私立，她更倾向于送孩子去公立学校。**
  Bǐqǐ sīlì, tā gèng qīngxiàng yú sòng háizi qù gōnglì xuéxiào.
  그녀는 사립 학교보다 공립 학교에 아이를 보내는 것을 더 선호한다.

网店与实体店
Wǎngdiàn yǔ shítǐdiàn

在数字化时代的冲击下，网络购物已经成为人们
Zài shùzìhuà shídài de chōngjī xià, wǎngluò gòuwù yǐjīng chéngwéi rénmen

日常生活的一部分，逐渐取代了传统的实体店购物方式。
rìcháng shēnghuó de yíbùfen, zhújiàn qǔdàile chuántǒng de shítǐdiàn gòuwù fāngshì.

网络购物和实体店购物各有优势，但网络购物在许多
Wǎngluò gòuwù hé shítǐdiàn gòuwù gèyǒu yōushì, dàn wǎngluò gòuwù zài xǔduō

새단어

网店 wǎngdiàn 인터넷 상점, 온라인 쇼핑몰　◆ **实体店** shítǐdiàn 오프라인 매장　◆ **数字化** shùzìhuà 디지털화　◆ **冲击** chōngjī 충돌하다, 충격, 쇼크　◆ **取代** qǔdài 대체하다, 대신하다　◆ **各有** gèyǒu 각자 가지고 있다, 저마다 가지고 있다

方面都呈现出独特的便利和吸引力。
fāngmiàn dōu chéngxiàn chū dútè de biànlì hé xīyǐnlì.

网络购物的最大优势之一❶，就是其❷极大的便利性。
Wǎngluò gòuwù de zuìdà yōushì zhīyī, jiùshì qí jídà de biànlìxìng.

无论是何时何地，只需连接网络，消费者就能轻松购买到
Wúlùn shì héshí hédì, zhǐ xū liánjiē wǎngluò, xiāofèizhě jiù néng qīngsōng gòumǎi dào

商品，这为忙碌的现代生活提供了更加自由的选择。
shāngpǐn, zhè wèi mánglù de xiàndài shēnghuó tígōngle gèngjiā zìyóu de xuǎnzé.

消费者可以在工作间隙、晚上或周末随时进行购物，摆脱了
Xiāofèizhě kěyǐ zài gōngzuò jiànxì、wǎnshang huò zhōumò suíshí jìnxíng gòuwù, bǎituōle

实体店购物时间和地点的限制。但在实体店购物，消费者可以
shítǐdiàn gòuwù shíjiān hé dìdiǎn de xiànzhì. Dàn zài shítǐdiàn gòuwù, xiāofèizhě kěyǐ

看到商品的真实情况，甚至可以试穿或试用，从而
kàndào shāngpǐn de zhēnshí qíngkuàng, shènzhì kěyǐ shìchuān huò shìyòng, cóng'ér

更好地感受商品的适用性和品质，给消费者提供更
gèng hǎo de gǎnshòu shāngpǐn de shìyòngxìng hé pǐnzhì, gěi xiāofèizhě tígōng gèng

真实的消费体验。
zhēnshí de xiāofèi tǐyàn.

因此，在进行购物选择时，大家可以选择适合自己的
Yīncǐ, zài jìnxíng gòuwù xuǎnzé shí, dàjiā kěyǐ xuǎnzé shìhé zìjǐ de

---

呈现 chéngxiàn 나타내다, 양상을 띠다 • 吸引力 xīyǐnlì 매력, 흡인력 • 之一 zhīyī ~중의 하나 • 极大 jídà 지극히 크다, 극대(하다), 지대하다 • 便利性 biànlìxìng 편리성, 편의성 • 何时何地 héshí hédì 언제 어디서든 • 连接 liánjiē 연결하다, 접속하다, 잇다 • 间隙 jiànxì 틈(새), 사이, 겨를, 짬 • 随时 suíshí 수시(로), 언제나, 아무 때나 • 摆脱 bǎituō 벗어나다, 빠져나오다 • 限制 xiànzhì 제한(하다), 속박(하다), 제약(하다) • 试穿 shìchuān 입어 보다 • 试用 shìyòng 시용, (물건을) 사용하다 • 适用性 shìyòngxìng 적합성

购物方式，而不是一味地❸追求网店或实体店，最重要的是，
gòuwù fāngshì, ér bú shì yíwèi de zhuīqiú wǎngdiàn huò shítǐdiàn, zuì zhòngyào de shì,

要确保自身的消费体验和利益。
yào quèbǎo zìshēn de xiāofèi tǐyàn hé lìyì.

😊 확인하기

1. 온라인 쇼핑은 어떤 장점을 가지고 있나요?
   ❶ 送货上门   ❷ 有各种商品
   ❸ 价格很便宜   ❹ 有独特的便利性

2. 오프라인 매장은 소비자에게 무엇을 제공할 수 있나요?
   ❶ 可以讨价还价   ❷ 良好的购物环境
   ❸ 真实的消费体验   ❹ 热情周到的服务

一味 yíwèi 무작정, 무턱대고 ◆ **确保** quèbǎo 확보(하다), 확실히 보증하다 ◆ **利益** lìyì 이익, 이득 ◆ **送货上门** sònghuò shàngmén 택배, 문앞 배달 ◆ **讨价还价** tǎojià huánjià (가격을) 흥정하다 ◆ **热情** rèqíng 친절하다, 열정적이다 ◆ **周到** zhōudào 세심하다, 세밀하다

어법 만나기

❶ 之一 ~중 하나

여러 개 중 하나라는 뜻으로 일정 범위 내의 수량이나 사물 중 하나를 의미한다. '之一'는 특별한 수량사로 종종 명사의 끝부분에 위치한다.

- 双溪是中国最佳漂流胜地之一，受到各地游客的喜爱。
  Shuāngxī shì Zhōngguó zuìjiā piāoliú shèngdì zhīyī, shòudào gèdì yóukè de xǐ'ài.
  쌍시(쌍계)는 중국 최고의 래프팅 명소 중 하나로, 각지 관광객들의 사랑을 받고 있다.

- 《红楼梦》是中国古典四大名著之一。
  《Hónglóumèng》 shì Zhōngguó gǔdiǎn sì dà míngzhù zhīyī.
  〈홍루몽〉은 중국 4대 고전 소설 중 하나이다.

❷ 其 그

인칭 대사로, '他, 她, 它, 他们, 她们, 它们'의 용법과 같다. 지시 대사로, '那, 那个, 那些'를 대신해서 쓸 수 있다.

- 小明在看书，其乐无穷。 샤오밍은 책을 읽고 있노라면 그 즐거움이 끝이 없다.
  Xiǎomíng zài kànshū, qí lè wú qióng.

- 其书在桌子上。 그 책들은 책상 위에 놓여 있다.
  Qí shū zài zhuōzi shàng.

❸ 一味地 무작정, 무턱대고

부사로, '맹목적으로, 객관적인 조건을 따지지 않고', 또는 '단순히, 무작정' 등의 의미를 가지고 있으며 부정적인 뉘앙스를 가진다. 근래에 미디어에서부터 시작해서 뒤에 '地'를 붙여서 말하는 습관이 형성되고 있다.

- 你不要一味地追求明星，应该关心一下自己的生活。
  Nǐ búyào yíwèi de zhuīqiú míngxīng, yīnggāi guānxīn yíxià zìjǐ de shēnghuó.
  무턱대고 스타를 쫓아다니지 말고 너의 생활에 관심을 가져라.

- 工厂不能一味地追求产量，而不重视产品的质量。
  Gōngchǎng bù néng yíwèi de zhuīqiú chǎnliàng, ér bú zhòngshì chǎnpǐn de zhìliàng.
  공장은 제품의 품질을 무시하고 무작정 생산량 늘리기에 급급해서는 안 된다.

문제 만나기

1 보기 중 적절한 단어를 골라 빈칸을 채우세요.

| 보기 | 取代　　呈现　　展示　　一味　　究竟　　提升 |

❶ 很多人会问，网络红人对产品销售的影响力_____有多大？

❷ 网络红人通过直播、短视频、微博等多种形式_____商品。

❸ 企业通过网络红人在网络上的影响来_____企业的品牌形象。

❹ 大家可以选择适合自己的购物方式，而不是_____地追求网店或实体店。

❺ 网络购物在许多方面都_____出独特的便利和吸引力。

❻ 网络购物逐渐_____了传统的实体店购物方式。

2 밑줄 친 부분과 비슷한 뜻을 가진 단어를 고르세요.

❶ 网络红人的粉丝数量庞大，**拥有**强大的传播力和购买力。
　A 具有　　B 提供　　C 激发　　D 超过

❷ 当网络红人**推荐**某个产品时，粉丝们自然会选择并购买。
　A 添加　　B 接触　　C 介绍　　D 搜索

❸ 网络购物和实体店购物各有**优势**。
　A 良好　　B 优点　　C 特点　　D 技能

❹ 最重要的是，要**确保**自身的消费体验和利益。
　A 拥有　　B 克服　　C 超过　　D 保证

3 본문 내용에 따라 빈칸을 채우세요.

① 当消费者看到自己喜欢的网络红人推荐某个品牌时，就会_____选择这个品牌。

② 网络红人推广产品的方式不仅能够增加产品的曝光率，还能够提高产品的_____。

③ 无论是_____，只需连接网络，消费者就能轻松购买到商品。

④ 在实体店购物，消费者可以看到商品的真实情况，甚至可以_____或_____。

4 '倾向于……'를 사용하여 밑줄 친 부분을 강조해 보세요.

① 考上大学以后，在选择专业时，很多人<u>更喜欢</u>英语专业。

➡ _____

② 他想去旅游，在欧洲和美国之间，他<u>更想</u>去美国。

➡ _____

5 '在……冲击下'를 사용하여 밑줄 친 부분을 바꿔 보세요.

① <u>在经济危机的影响下</u>，许多企业遇到了很大的困难。

➡ _____

② <u>受到巨大的悲痛的影响</u>，她病了很长时间。

➡ _____

내 글씨로 독해 즐기기

■ 본문 속 문장들을 필사해 보세요.

[본문 1]

网络红人的粉丝数量庞大，拥有强大的传播力和购买力。

[본문 2]

大家可以选择适合自己的购物方式，而不是一味地追求网店或实体店。

8과

职场生活

직장 생활

본문 1 领导发脾气怎么办？
상사가 화낼 때 어떻게 해야 하나요?

본문 2 告诉领导不喜欢加班
야근 거부하기

领导发脾气怎么办？
Lǐngdǎo fā píqi zěnme bàn?

每个人内心都是渴望获得肯定和认同的。我们 之所以❶
Měi ge rén nèixīn dōu shì kěwàng huòdé kěndìng hé rèntóng de. Wǒmen zhīsuǒyǐ

被领导发脾气弄坏了情绪，是因为❶ 我们潜意识里把"领导批评
bèi lǐngdǎo fā píqi nònghuàile qíngxù, shìyīnwèi wǒmen qiányìshí lǐ bǎ "lǐngdǎo pīpíng

我这件事没做好"等同于"领导否认我这个人"。无论领导的
wǒ zhè jiàn shì méi zuòhǎo" děngtóng yú "lǐngdǎo fǒurèn wǒ zhège rén". Wúlùn lǐngdǎo de

새단어

领导 lǐngdǎo 지도자, 리더 ◆ **发脾气** fā píqi 화를 내다, 성질을 내다 ◆ **内心** nèixīn 마음(속), 내심 ◆ **渴望** kěwàng 갈망(하다) ◆ **获得** huòdé 획득하다, 얻다 ◆ **肯定** kěndìng 긍정, 인정 ◆ **之所以** zhīsuǒyǐ ~의 이유, ~한 까닭 ◆ **弄坏** nònghuài 망가뜨리다, 잡치다 ◆ **情绪** qíngxù 정서, 기분 ◆ **潜意识** qiányìshí 잠재의식, 무의식 ◆ **批评** pīpíng 비판하다, 꾸짖다, 주의를 주다 ◆ **等同于** děngtóng yú ~와 동일시하다, ~와 같다 ◆ **否认** fǒurèn 부인하다, 부정하다

8과 职场生活

情绪如何影响我，首先都要学会的就是，事情有对有错，
qíngxù rúhé yǐngxiǎng wǒ, shǒuxiān dōu yào xuéhuì de jiùshì, shìqing yǒu duì yǒu cuò,

做法有好有坏，但我可以把事情做得更好。
zuòfǎ yǒu hǎo yǒu huài, dàn wǒ kěyǐ bǎ shìqing zuò de gèng hǎo.

有的领导是急性子，说❷生气就❷生气，对于这种性格的
Yǒude lǐngdǎo shì jíxìngzi, shuō shēngqì jiù shēngqì, duìyú zhè zhǒng xìnggé de

领导，不要当面说出自己的想法而激化矛盾，而是转移话题
lǐngdǎo, búyào dāngmiàn shuōchū zìjǐ de xiǎngfǎ ér jīhuà máodùn, érshì zhuǎnyí huàtí

或者暂时离开。比如，你可以找个工作上的理由暂时离开，
huòzhě zànshí líkāi. Bǐrú, nǐ kěyǐ zhǎo ge gōngzuò shàng de lǐyóu zànshí líkāi,

避免矛盾激化，这也是一种人生的智慧。有的领导最近
bìmiǎn máodùn jīhuà, zhè yěshì yì zhǒng rénshēng de zhìhuì. Yǒude lǐngdǎo zuìjìn

遇上了什么烦恼的事，就很容易发火，但你要学会判断，
yùshàngle shénme fánnǎo de shì, jiù hěn róngyì fāhuǒ, dàn nǐ yào xuéhuì pànduàn,

他发火很有可能不是对你，而是因为其他的事情。对待这样的
tā fāhuǒ hěn yǒu kěnéng bú shì duì nǐ, érshì yīnwèi qítā de shìqing. Duìdài zhèyàng de

领导，你可以尝试做一个聆听者，平静温柔地对待他，
lǐngdǎo, nǐ kěyǐ chángshì zuò yí ge língtīngzhě, píngjìng wēnróu de duìdài tā,

这有助于❸情绪不被影响。
zhè yǒuzhù yú qíngxù bú bèi yǐngxiǎng.

如何 rúhé 어떻게, 어떤, 어떻게 하면 ◆ **做法** zuòfǎ (만드는) 법, (하는) 방법 ◆ **急性子** jíxìngzi 조급한 성질, 성급한 사람 ◆ **生气** shēngqì 화내다, 성내다 ◆ **性格** xìnggé 성격 ◆ **当面** dāngmiàn 마주보다, 직접 맞대다 ◆ **激化** jīhuà 격화되다, 격화시키다 ◆ **矛盾** máodùn 모순(되다) ◆ **转移** zhuǎnyí 옮기다, 전환하다, 바꾸다 ◆ **发火** fāhuǒ 발끈 화를 내다 ◆ **判断** pànduàn 판단(하다), 판정(하다) ◆ **对待** duìdài 대하다 ◆ **聆听者** língtīngzhě 경청자 ◆ **温柔** wēnróu 부드럽고 순하다, 따뜻하고 상냥하다 ◆ **有助于** yǒuzhù yú ~에 도움이 되다, ~에 유용하다

在职场中，领导的每一次发火，都是一场考验。面对
Zài zhíchǎng zhōng, lǐngdǎo de měi yícì fāhuǒ, dōu shì yì chǎng kǎoyàn. Miànduì

这场考验，如何应对决定了你在领导心中的形象和未来
zhè chǎng kǎoyàn, rúhé yìngduì juédìngle nǐ zài lǐngdǎo xīnzhōng de xíngxiàng hé wèilái

的发展机会。所以，领导发火也许不是一件坏事，只要你能够
de fāzhǎn jīhuì. Suǒyǐ, lǐngdǎo fāhuǒ yěxǔ bú shì yí jiàn huàishì, zhǐyào nǐ nénggòu

正确应对，就能从中收获信任与成长。
zhèngquè yìngduì, jiù néng cóngzhōng shōuhuò xìnrèn yǔ chéngzhǎng.

😊 확인하기

1. 성격이 급한 상사가 화를 낼 때는 어떻게 해야 하나요?
   - ❶ 辞职回家
   - ❷ 请假回家
   - ❸ 转移话题
   - ❹ 向领导解释

2. 상사의 화가 왜 나쁜 일만은 아닐까요?
   - ❶ 可以不用工作
   - ❷ 有助情绪稳定
   - ❸ 发现领导缺点
   - ❹ 可以收获信任

职场 zhíchǎng 직장, 일터 ◆ **考验** kǎoyàn 시험(하다), 시련(을 주다), 검증(하다) ◆ **心中** xīnzhōng 마음속 ◆ **也许** yěxǔ 어쩌면, 아마, 아마도 ◆ **坏事** huàishì 나쁜 일 ◆ **正确** zhèngquè 정확하다, 틀림없다, 옳다 ◆ **收获** shōuhuò 거두다, 결실을 맺다, 얻다 ◆ **辞职** cízhí 사직하다 ◆ **请假** qǐngjià 휴가를 신청하다 ◆ **解释** jiěshì 해명하다, 설명하다 ◆ **稳定** wěndìng 안정시키다, 가라앉히다 ◆ **缺点** quēdiǎn 결점, 단점

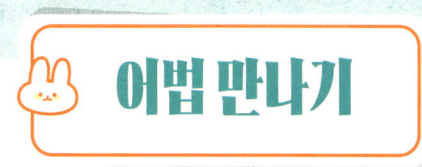

❶ 之所以A, 是因为B A인 이유는 B 때문이다

인과 관계를 나타내는 접속사이다. 이 구조는 결과가 앞에 나오고 원인은 뒤에 나오는데, 어떤 결과가 생기는 원인이나 이유를 설명하고자 할 때 쓰인다. '因为A, 所以B'는 원인이 앞에 나오고 결과는 뒤에 나온다.

- 李明之所以成绩那么好，是因为他平时学习十分努力。
  Lǐ Míng zhīsuǒyǐ chéngjì nàme hǎo, shì yīnwèi tā píngshí xuéxí shífēn nǔlì.
  리밍의 성적이 매우 좋은 이유는 그가 평소에 공부를 열심히 했기 때문이다.

- 我之所以很生气，是因为你一直不听我的话。
  Wǒ zhīsuǒyǐ hěn shēngqì, shì yīnwèi nǐ yìzhí bù tīng wǒ de huà.
  내가 화가 난 이유는 네가 계속 내 말을 듣지 않았기 때문이야.

❷ 说A就A A한다면 A하다, A라고 말하자마자 A하다

구어에서 자주 사용하는 형식으로, 일이 빠르게 발생하거나 진행됨을 나타내며 A는 일반적으로 동사나 동사구이다.

- 他怎么可以说辞职就辞职呢？
  Tā zěnme kěyǐ shuō cízhí jiù cízhí ne?
  그는 어떻게 사직한다고 말하자마자 바로 사직할 수 있지?

- 说干就干，我们开始打扫卫生。
  Shuō gàn jiù gàn, wǒmen kāishǐ dǎsǎo wèishēng.
  말 나온 김에 우리는 청소를 시작했다.

❸ 有助于A A에 도움이 되다

주로 서면어에서 많이 쓰이는 표현으로, 구어에서는 '对A有帮助'의 형식으로 많이 쓰인다.

- 经常向远处看，有助于保护视力。
  Jīngcháng xiàng yuǎnchù kàn, yǒuzhù yú bǎohù shìlì.
  먼 곳을 자주 보면 시력 보호에 도움이 된다.

- 体育活动，有助于孩子的成长。
  Tǐyù huódòng, yǒuzhù yú háizi de chéngzhǎng.
  체육 활동은 아이들의 성장에 도움이 된다.

告诉领导不喜欢加班
Gàosu lǐngdǎo bù xǐhuan jiābān

首先，我们要明白一个道理：加班是❶为了更好地完成
Shǒuxiān, wǒmen yào míngbai yí ge dàolǐ: jiābān shì wèile gèng hǎo de wánchéng

工作，而不是❶让工作成为我们的全部。如果公司要求
gōngzuò, ér bú shì ràng gōngzuò chéngwéi wǒmen de quánbù. Rúguǒ gōngsī yāoqiú

我们加班，那么，我们首先要明确加班是不是必要的，是否❷
wǒmen jiābān, nàme, wǒmen shǒuxiān yào míngquè jiābān shì bu shì bìyào de, shìfǒu

새단어

加班 jiābān 야근하다, 초과 근무하다 • 道理 dàolǐ 법칙, 규율, 도리, 이치 • 要求 yāoqiú 요구(하다), 요망(하다)
• 明确 míngquè 명확하다, 명확하게 하다 • 必要 bìyào 필요, 필요(로) 하다 • 是否 shìfǒu ~인지 아닌지

符合我们的职业道德。
fúhé wǒmen de zhíyè dàodé.

如果公司要求我们加班，但这些加班并不合理或者对
Rúguǒ gōngsī yāoqiú wǒmen jiābān, dàn zhèxiē jiābān bìng bùhélǐ huòzhě duì

我们的生活和工作造成了负面影响，我们就应该
wǒmen de shēnghuó hé gōngzuò zàochéngle fùmiàn yǐngxiǎng, wǒmen jiù yīnggāi

勇敢地拒绝。那么，如何优雅地拒绝公司的不合理的加班呢？
yǒnggǎn de jùjué. Nàme, rúhé yōuyǎ de jùjué gōngsī de bùhélǐ de jiābān ne?

你可以理性地告诉老板自己不想加班的理由，比如，
Nǐ kěyǐ lǐxìng de gàosu lǎobǎn zìjǐ bù xiǎng jiābān de lǐyóu, bǐrú,

"老板，我知道公司需要我们加班来完成任务，但我认为
"Lǎobǎn, wǒ zhīdào gōngsī xūyào wǒmen jiābān lái wánchéng rènwu, dàn wǒ rènwéi

我们应该在工作时间里集中精力完成任务，而不是在晚上
wǒmen yīnggāi zài gōngzuò shíjiān lǐ jízhōng jīnglì wánchéng rènwu, ér bú shì zài wǎnshang

或者周末加班。这样不仅会影响我们的工作效率，还会对
huòzhě zhōumò jiābān. Zhèyàng bùjǐn huì yǐngxiǎng wǒmen de gōngzuò xiàolǜ, hái huì duì

我们的生活造成负面影响。"
wǒmen de shēnghuó zàochéng fùmiàn yǐngxiǎng."

总之，我们要勇敢地说出自己的想法，不要为了加班
Zǒngzhī, wǒmen yào yǒnggǎn de shuōchū zìjǐ de xiǎngfǎ, búyào wèile jiābān

---

符合 fúhé 부합하다, 맞다, 일치하다 ◆ **职业** zhíyè 직업 ◆ **道德** dàodé 도덕, 윤리 ◆ **不合理** bùhélǐ 불합리하다 ◆ **勇敢** yǒnggǎn 용감하다 ◆ **优雅** yōuyǎ 우아하고 고상하다, 멋스럽다 ◆ **理性** lǐxìng 이성(적이다), 지적이다, 합리적이다 ◆ **老板** lǎobǎn 사장, 업주, 보스(boss) ◆ **任务** rènwu 임무, 책무 ◆ **集中** jízhōng 집중하다 ◆ **精力** jīnglì 정력, 에너지 ◆ **效率** xiàolǜ 효율, 능률

而牺牲自己的生活和健康。同时，我们也要学会用❸幽默、
ér xīshēng zìjǐ de shēnghuó hé jiànkāng. Tóngshí, wǒmen yě yào xuéhuì yòng yōumò、

理性的方法来❸拒绝公司不合理的加班。只有这样，我们才能
lǐxìng de fāngfǎ lái jùjué gōngsī bùhélǐ de jiābān. Zhǐyǒu zhèyàng, wǒmen cáinéng

更好地保护自己的权益和生活。
gèng hǎo de bǎohù zìjǐ de quányì hé shēnghuó.

😊 확인하기

1. 우리가 반드시 알아야 할 원칙은 무엇인가요?
   ❶ 一定要休息　　　　　　❷ 工作不是全部
   ❸ 要完成工作　　　　　　❹ 不应该加班

2. 야근이 합리적이지 않을 때 우리는 어떻게 해야 할까요?
   ❶ 勇敢地拒绝　　　　　　❷ 跟领导争论
   ❸ 提出合理要求　　　　　❹ 请别人替代自己

牺牲 xīshēng 희생(하다) ◆ **幽默** yōumò 유머, 익살스럽다, 유머러스하다 ◆ **权益** quányì 권익, 권리와 이익 ◆
争论 zhēnglùn 논쟁하다, 쟁론하다

어법 만나기

❶ 是A，而不是B A이지 B가 아니다

병렬 관계를 나타내는 접속사로, A 상황에 대해 긍정을 표하고 B 상황을 부정할 때 쓰인다. 여기서 '而'은 객관적으로 B를 강조하는 역할을 한다.

- 你是我的朋友，而不是我的竞争对手。
  Nǐ shì wǒ de péngyou, ér bú shì wǒ de jìngzhēng duìshǒu.
  너는 나의 친구이지 경쟁자가 아니야.

- 书籍是知识的源泉，而不是房间的装饰品。
  Shūjí shì zhīshi de yuánquán, ér bú shì fángjiān de zhuāngshìpǐn.
  책은 지식의 원천이지 방의 장식품이 아니다.

❷ 是否 ~인지 아닌지

부사로, '是不是'와 같은 뜻을 가지고 있다. 부사 뒤에는 명사성 성분이 올 수 없으므로 '是否' 뒤에는 동사 또는 형용사성 단어만 올 수 있다.

- 你是否同意和我一起出差？
  Nǐ shìfǒu tóngyì hé wǒ yìqǐ chūchāi?
  당신 나와 함께 출장 가는 것에 동의합니까?

- 产品质量是否符合要求？
  Chǎnpǐn zhìliàng shìfǒu fúhé yāoqiú?
  제품의 품질이 요구 사항에 부합됩니까?

❸ 用A来B A로 B하다

'用' 뒤의 A는 일반적으로 활용할 수 있는 수단, 방법, 경로 및 매개체를 가리킨다. '来' 뒤의 B는 일반적으로 목적, 목표와 결과를 나타낸다. 즉, A를 통해 B의 결과를 달성한다는 뜻이다.

- 我们可以用汉语来写论文。
  Wǒmen kěyǐ yòng Hànyǔ lái xiě lùnwén.
  우리는 중국어로 논문을 쓸 수 있다.

- 他用自己的聪明来解决这个问题。
  Tā yòng zìjǐ de cōngmíng lái jiějué zhège wèntí.
  그는 자신의 영리함으로 이 문제를 해결했다.

문제 만나기

1 보기 중 적절한 단어를 골라 빈칸을 채우세요.

> 보기 │ 有助　　牺牲　　符合　　考验　　获得　　造成

① 每个人内心都是渴望＿＿＿＿肯定和认同的。

② 在职场中，领导的每一次发火，都是一场＿＿＿＿。

③ 平静温柔地对待喜欢发火的领导，这＿＿＿＿于情绪不被影响。。

④ 我们要明确加班是否＿＿＿＿我们的职业道德。

⑤ 我们不要为了加班而＿＿＿＿自己的生活和健康。

⑥ 加班对我们的生活和工作已经＿＿＿＿了负面影响。

2 밑줄 친 부분과 비슷한 뜻을 가진 단어를 고르세요.

① 对待爱发火的领导，你可以尝试做一个**聆听**者。
　A 倾听　　B 评论　　C 发表　　D 研究

② 只要你能够正确应对，就能从中收获**信任**与成长。
　A 依靠　　B 悠闲　　C 发愁　　D 相信

③ 我们首先要明确加班是不是**必要**的。
　A 可以　　B 也许　　C 必须　　D 可能

④ 只有勇敢拒绝加班，我们才能更好地保护自己的**权益**和生活。
　A 能力　　B 技能　　C 权利　　D 道德

3 본문 내용에 따라 빈칸을 채우세요.

① 领导发火_____不是对你，而是因为其他的事情。

② 我们潜意识里把"领导批评我这件事没做好"_____"领导否认我这个人"。

③ 我们应该在工作时间里_____完成任务，而不是在晚上或者周末加班。

④ 加班是为了_____工作，而不是让工作成为我们的全部。

4 '……之所以……, ……是因为……'를 사용하여 두 문장을 한 문장으로 바꿔 보세요.

① A) 他考试得了满分，B) 小明非常开心。
→ _____

② A) 花开得很美丽，B) 花得到了很好的照顾。
→ _____

5 '为了……而……'을 사용하여 두 문장을 한 문장으로 바꿔 보세요.

① A) 努力赚钱，B) 生活更幸福。
→ _____

② A) 应该减少使用塑料制品，B) 保护我们的生存环境。
→ _____

내 글씨로 독해 즐기기

■ 본문 속 문장들을 필사해 보세요.

[본문 1]

		领	导	发	火	不	是
一	件	坏	事	，	只	要	你
能	够	正	确	应	对	，	就
能	从	中	收	获	信	任	。

[본문 2]

		加	班	是	为	了	更
好	地	完	成	工	作	，	而
不	是	让	工	作	成	为	我
们	的	全	部	。			

부록

- 독해 실력 check!
- 단어 실력 check!
- 본문 해석
- 정답 및 모범답안
- 단어 색인

✓ 독해 실력 check!

힌트를 참고해서 제시된 문장을 우리말로 해석해 보세요.

1과

1 成为"饭搭子"简单，而找到口味相似的"饭搭子"则十分不易。

　　힌트 成为 ~으로 되다

　　해석

　　모르는 단어 체크

2 低碳生活就是通过改变一些生活方式来降低二氧化碳的排放量。

　　힌트 通过……来…… ~을 통해 ~을 하다

　　해석

　　모르는 단어 체크

3 让我们共同参与到低碳生活中来，为保护地球环境做出自己的贡献。

　　힌트 为……做出……的贡献 ~을 위해 ~한 공헌을 하다

　　해석

　　모르는 단어 체크

2과

1 夏天除了热，还有一大难题，那就是防晒做不好的话，皮肤很容易晒黑。

힌트 除了……，还…… ~이외에 ~도

해석

모르는 단어 체크

2 西红柿是最好的防晒食物，它所含有的番茄红素是很重要的防晒成分。

힌트 所含有的 함유하고 있는 것

해석

모르는 단어 체크

3 想要不长肉，必须在坚持运动的同时，也要控制热量的摄入，才能有效地减肥。

힌트 ……的同时，也…… ~하는 동시에 ~도 | 必须……，才能…… 반드시 ~해야만 ~할 수 있다

해석

모르는 단어 체크

3과

1. 即使选择了不喜欢的专业，也不要放弃学习和成长的机会。

   힌트 即使……，也…… 설사 ~하더라도 ~하다

   해석

   모르는 단어 체크

2. 其实，和同学一起做兼职，两个人是可以互相帮助的。

   힌트 和……一起 ~와 함께

   해석

   모르는 단어 체크

3. 做兼职可以让自己拥有一个充实、有意义的假期，也会给自己留下一个难忘的回忆。

   힌트 给……留下 ~에게 ~을 남기다

   해석

   모르는 단어 체크

1. 团建是指为了增进团队成员之间的感情和凝聚力，成员们在一起进行的活动。

   힌트 是指 ~를 가리키다 | 为了 ~를 위하여

   해석

   모르는 단어 체크

2. 追剧作为一种娱乐方式，能够让我们暂时忘记日常生活中的压力和烦恼。

   힌트 作为 ~로서

   해석

   모르는 단어 체크

3. 周末宅家追剧不仅是一种放松身心的娱乐方式，还能提供学习和社交的机会。

   힌트 不仅……, 还…… ~할 뿐만 아니라 또 ~하다

   해석

   모르는 단어 체크

독해 실력 check!

5과

1 手机，这个小小的电子设备，已经成为我们生活中不可缺少的一部分。

힌트 不可缺少 ~없어서는 안 된다

해석

모르는 단어 체크

2 无论是在旅行途中，还是在平淡的日常生活中，"自拍"都已经成为一种记录美好生活的手段。

힌트 无论……，都…… ~든 ~든 관계없이

해석

모르는 단어 체크

3 人工智能翻译只是翻译的一种工具，而不是替代翻译的全部过程。

힌트 只是……，不是…… ~일 뿐이지 ~이 아니다

해석

모르는 단어 체크

1 在这个快节奏的社会里，Chill文化会让你在忙碌中找到平静与自在。

힌트 在……中 ~하는 중에

해석

모르는 단어 체크

2 Chill文化不仅仅是对生活的热爱，更是对自我内心世界的尊重和照顾。

힌트 不仅仅……，更…… ~뿐만 아니라 ~이다

해석

모르는 단어 체크

3 对博物馆来说，游客预约不上的根本原因在于供需不平衡。

힌트 在于…… ~에 있다, ~에 달려 있다

해석

모르는 단어 체크

독해 실력 check!

7과

1. 当消费者看到自己喜欢的网络红人推荐某个品牌时，就会倾向于选择这个品牌，从而提高品牌的知名度。

   힌트 当……时 ~할 때 | 倾向于…… ~로 기울다, ~쪽으로 치우치다

   해석

   모르는 단어 체크

2. 在数字化时代的冲击下，网络购物已经成为人们日常生活的一部分。

   힌트 在……的冲击下 ~의 충격으로

   해석

   모르는 단어 체크

3. 在进行购物选择时，大家可以选择适合自己的购物方式，而不是一味地追求网店或实体店。

   힌트 一味地 무작정, 무턱대고

   해석

   모르는 단어 체크

8과

1. 对待容易发火的领导，你可以尝试做一个聆听者，平静温柔地对待他，这有助于情绪不被影响。

   힌트 有助于…… ~에 도움이 되다

   해석

   모르는 단어 체크

2. 加班是为了更好地完成工作，而不是让工作成为我们的全部。

   힌트 是……，而不是…… ~이지 ~가 아니다

   해석

   모르는 단어 체크

3. 我们也要学会用幽默、理性的方法来拒绝公司不合理的加班。

   힌트 用……来…… ~로 ~하다

   해석

   모르는 단어 체크

단어 실력 check!

빈 칸에 들어갈 알맞은 한자, 한어병음, 뜻을 써 보세요.

	한자	한어병음	뜻
1	临时	línshí	
2	相似		닮다, 비슷하다
3		fèiyòng	비용, 지출
4	减少		줄이다, 감소하다
5		bìmiǎn	피하다, 모면하다
6	负面	fùmiàn	
7	皮肤		피부
8		sǔnshāng	손상(하다), 손실(되다)
9	成分	chéngfèn	
10		zhǎngròu	살이 찌다, 뚱뚱해지다
11	肥胖		뚱뚱하다, 비만
12	营养	yíngyǎng	

	한자	한어병음	뜻
13		zhuānyè	(대학 등의) 전공, 학과
14	复读		재수하다
15	就业	jiùyè	
16	兼职		겸직(하다), 아르바이트하다
17		zhèngqián	돈을 벌다
18	友谊	yǒuyì	
19		tuánjiàn	팀 빌딩(Team Building)
20	成员		성원, 구성 인원
21	应对	yìngduì	
22		gǎnshòu	(영향을) 받다, 느끼다
23	观看		관람하다, 보다
24	减轻	jiǎnqīng	

단어실력 check!

	한자	한어병음	뜻
25	摄影		촬영(하다)
26		jìlù	기록(하다)
27	背景	bèijǐng	
28	翻译		번역하다, 통역하다
29		jìshù	기술
30	准确	zhǔnquè	
31		yōuxián	느긋하다, 한가롭다
32	追求	zhuīqiú	
33	关注		관심(을 가지다), 주목하다
34		miǎnfèi	무료로 하다
35	政策	zhèngcè	
36		gōngjǐ	공급(하다), 급여(하다)
37	网红		인플루언서

	한자	한어병음	뜻
38		fěnsī	팬(fans), 팬덤, 팔로워
39	销售		팔다, 판매하다
40	网店	wǎngdiàn	
41		liánjiē	연결하다, 접속하다, 잇다
42	周到	zhōudào	
43	领导		지도자, 리더
44	性格	xìnggé	
45		zhíchǎng	직장, 일터
46	辞职		사직하다
47	加班	jiābān	
48		zhíyè	직업
49	集中	jízhōng	
50	牺牲		희생(하다)

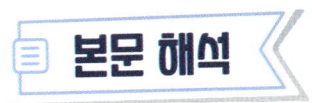

 과

본문1 연애 상대는 없어도 '밥 친구'는 필요해요 p.10

'搭子(다쯔)'는 방언으로, 잠시 함께하는 친구를 의미하고, '饭搭子(판다쯔)'는 임시로 함께 밥을 먹는 친구를 가리킵니다. 그러나 '밥 친구'가 되는 것은 쉽지만, 입맛이 비슷한 '밥 친구'를 찾는 것은 매우 어렵습니다. 심지어 인터넷에는 '연애는 하지 않아도 되지만, '밥 친구'는 없어서는 안 된다.'라는 과장된 말이 돌기도 합니다. '밥 친구'가 없으면 아무리 맛있는 음식도 맛있게 즐길 수 없습니다. 어떤 사람들은 '밥 친구'를 잃는 것이 실연의 아픔보다 더 슬프다고 말하기도 합니다.

그렇다면 우리는 왜 '밥 친구'가 필요할까요? 어떤 사람들은 맛있는 음식을 사랑하기 때문입니다. 끼니마다 여러 가지 음식을 먹고 싶지만, 음식을 너무 많이 시켜 다 먹지 못할까 봐 걱정인데 이럴 땐 어떻게 해야 할까요? 당연히 여러 명의 '밥 친구'들을 찾아 함께 음식을 즐겨야죠! 인원이 많을수록 주문할 수 있는 음식이 늘어나고, 비용을 나누어 내니 비싸지도 않습니다. 어떤 사람들은 외로움을 달래기 위해 '밥 친구'가 필요합니다. 이들에게는 무엇을 먹고, 어떻게 먹는지는 모두 상관없습니다. 음식을 먹을 때 혼자 먹으면 너무 외로워서, 누군가와 함께 식사하며 이야기를 나누는 것이 가장 즐겁습니다.

또 누군가는 '밥 친구'는 잘 챙겨 먹고 삶을 진지하게 대하는 것의 대명사라고 생각하기도 합니다. 혼자서 식사하면 때로는 간편하게 먹기 위해 종종 대충 먹게 됩니다. 하지만 '밥 친구'와 함께라면 조금 더 신중하게 음식을 고르게 되고, 이는 바쁜 삶 속에서의 작은 위안이 됩니다. 요약하자면 '밥 친구'란 함께 밥을 먹는 친구입니다. 연애 상대는 없을 수 있지만 모든 사람에게 친구는 필요합니다.

본문2 저탄소 생활이란? p.14

저탄소 생활은 일상생활에서 에너지 사용을 최대한 줄이는 것을 의미합니다. 구체적으로 말해서, 저탄소 생활은 생활 방식을 바꿔서 이산화탄소 배출량을 줄이는 것입니다. 저탄소 생활은 건강하고 환경 친화적이며 에너지를 절약하는 생활 방식으로, 탄소 배출을 줄여서 우리의 생존 환경을 보호하는 것입니다.

첫째, 우리는 친환경 교통수단을 선택할 수 있는데, 최대한 대중교통, 자전거 또는 도보를 이용하여 자동차의 사용을 줄여야 합니다. 둘째, 수자원의 낭비를 피하고 물을 합리적으로 사용해야 합니다. 그리고 비닐봉지, 플라스틱 식기 등과 같은 일회용 플라스틱 제품의 사용을 최대한 줄여야 합니다. 또 올바른 쓰레기 분리배출을 하여 재생할 수 있는 쓰레기와 재생 불가능한 쓰레기를 분리하여 처리해야 합니다. 마지막으로 소비 활동을 할 때 환경을 보호하고 오염 배출이 없는 상품을 선택해야 합니다. 최대한 포장이 적은 상품을 골라 낭비를 줄여야 하고, 되도록 음식과 옷의 과소비를 하지 않아야 하며, 자신의 수요를 고려해서 구매하고 낭비를 막아야 합니다.

저탄소 생활을 실천하려면 일상생활에서부터 시작해야 합니다. 우리의 노력으로 환경에 대한 부정적인 영향을 줄일 수 있을 뿐만 아니라, 동시에 삶의 질과 행복을 향상시킬 수 있습니다. 우리 함께 저탄소 생활에 동참하여 지구 환경 지키기에 이바지합시다.

2과

본문 1 자외선 차단은 정말 중요해요 p.22

　매년 여름이 되면 젊은 여성들은 예쁜 옷을 사서 자기를 꾸미기 시작합니다. 자신이 여름에 눈부신 존재가 되길 바라기 때문입니다. 그런데 여름은 더운 것 말고도 또 커다란 난제가 있는데, 그것은 바로 자외선 차단을 제대로 하지 않으면 피부가 쉽게 타버린다는 것입니다. 자외선 차단은 정말 중요합니다. 태양의 복사선 중 하나인 자외선은 대기층을 지나 지면에 도달해서 사람의 피부를 손상시킵니다. 그러므로 여름철 자외선 차단은 필수입니다.

　여름에는 많은 젊은 여성들이 미니스커트를 즐겨 입는데, 미니스커트는 젊고 활기찬 느낌을 주기 때문입니다. 하지만 (노출된) 많은 면적의 피부는 쉽게 탑니다. 시중에는 자외선 차단제가 많이 있는데 제대로 된 제품을 구매한다면 자외선 차단 효과도 매우 좋을 것입니다. 자외선 차단제는 얼굴 말고도 손, 목, 다리에도 바를 수 있습니다. 만약 미니스커트를 즐겨 입지만 피부가 타는 것이 걱정된다면 자외선 차단제를 꾸준히 바를 수 밖에 없습니다.

　또 항산화 성분이 풍부한 음식을 많이 섭취하는 것도 좋습니다. 예를 들어 포도, 토마토, 아몬드 같은 것들이 있는데, 그중 토마토는 가장 좋은 자외선 차단 식품입니다. 토마토가 함유한 리코펜(lycopene)은 중요한 자외선 차단 성분으로, 자외선으로 인한 피부 손상을 예방할 수 있습니다.

본문 2 살찌지 않는 법 p.26

　경제가 발전하고 생활 패턴이 변함에 따라 사람들의 건강 상태도 계속해서 개선되고 있지만 동시에 비만과 관련된 건강 문제도 많은 주목을 받고 있습니다. 몸을 더욱 건강하게 만들기 위해 많은 사람들이 다이어트를 선택했고, 특히 과학적인 다이어트가 인기를 끌고 있습니다. 과학적인 다이어트는 운동만으로는 안 되고 운동과 식사가 균형을 이루어야 좋은 효과를 얻을 수 있습니다.

　다이어트를 하는 동안에는 아침 식사를 거르지 말고, 하루 세 끼를 규칙적으로 먹는 것이 중요합니다. 적게 먹는다고 다이어트가 아니고, 영양가 있는 음식을 먹어야 합니다. 식습관만 바꾸어도 쉽게 살이 찌지 않습니다. 식단에 신경을 쓰는 동시에 충분한 운동도 해야 합니다. 예를 들어 수영, 자전거 타기, 달리기도 좋고 저녁 시간에 조깅하는 것도 좋은 방법입니다. 이렇게 하면 몸에도 좋고 다이어트 효과도 얻을 수 있습니다.

　살찌지 않으려면 꾸준한 운동과 동시에 칼로리 섭취도 조절해야만 효과적인 다이어트를 할 수 있습니다. 전문가들은 "다이어트는 단순한 외적 변화가 아니라 자신에 대한 도전이기도 합니다. 운동과 식사를 균형 있게 유지하고 긍정적인 마음가짐을 가져야만 이상적인 다이어트 효과를 얻을 수 있습니다."라고 말합니다.

3과

본문1 전공이 마음에 안 드는데, 저 어쩌죠? p.34

매년 9월은 중국 대학교의 개학 시즌입니다. 많은 대학생들이 매일 신나게 등교하지만, 울상짓는 대학생들도 적지 않습니다. 왜냐하면 그들은 자신이 선택한 전공이 마음에 들지 않기 때문입니다. 이런 상황에서 어떤 선택을 해야 할까요?

첫 번째 방법은 재수입니다. 하지만 재수를 결정하기 전에 반드시 고려해야 할 것이 있는데, 만약 1년을 더 버티는 게 힘들거나 공부가 힘든 경우, 또는 성적이 잘 오르지 않을 때는 두 번째 방법인 전과(전공 변경)를 선택하는 것이 좋습니다. 그러나 전공을 변경하기 전에 반드시 본인이 흥미를 느끼는 전공이 무엇인지 제대로 파악해야 하고 또 자신의 학습 능력과 적응력도 신중하게 고려해야 합니다. 다만, 일부 전공은 변경이 불가능한 경우도 있는데, 이때 마지막 방법인 복수 전공을 고려해 볼 수 있습니다.

제 개인적으로는 복수 전공이 좋은 방법이라고 생각합니다. 자신의 전공을 기반으로 또 다른 전공을 배우면, 이전 전공의 장점을 잃지 않으면서도 자신이 좋아하는 전공도 배울 수 있습니다. 하지만 복수 전공은 두 개의 전공과목을 동시에 배우게 되어 학업이 더욱 바빠질 수 있습니다. 복수 전공은 많은 학생들이 졸업 후 더 많은 취업 기회를 가지게 합니다. 미래의 취업을 위해 복수 전공은 고려해 볼만한 선택입니다.

마지막으로 전공 변경이 불가능하다면 자신의 마음가짐을 바꿔야 합니다. 설령 좋아하지 않는 전공을 선택했더라도 배우고 성장할 기회를 포기하지 마십시오. 이 전공의 장점과 가치를 발견하려고 노력하고, 낙관적이고 긍정적인 태도를 유지하며, 자신이 어려움을 극복하고 성공할 수 있다고 믿어야 합니다.

본문2 동창과 함께 아르바이트 해요 p.38

대학생들은 방학 동안 아르바이트를 하고 싶어 합니다. 용돈도 벌고 사회에 적응하는 능력도 단련할 수 있기 때문입니다. 하지만 혼자서 아르바이트를 하려니 여러 가지 걱정이 생깁니다. 일을 잘 못하지는 않을까 걱정되고, 다른 사람과의 소통을 겁내기도 합니다. 그래서 많은 학생들은 대학 동창과 함께 아르바이트를 하려고 합니다.

사실 동창과 함께 아르바이트를 하면 서로에게 도움이 될 수 있습니다. 예를 들어 아르바이트 장소까지 함께 차를 타고 가는 동안, 길에서 서로 재미있는 대화를 하면서 아르바이트로 인한 부담감을 덜 수 있습니다. 일이 끝난 후에는 함께 밥을 먹거나 도서관에 가서 공부하기도 하고, 또 함께 영화를 보거나 콘서트를 보러 가기도 합니다. 이렇게 잠시나마 일과 삶에 대한 걱정을 잊을 수 있습니다. 아르바이트가 끝난 후에는 함께 경험과 교훈을 되새기고, 아르바이트를 해서 번 돈으로 함께 여행을 가거나 다른 기술을 배울 수도 있습니다.

방학 동안 동창과 함께 아르바이트를 하면 둘 사이의 우정이 더 돈독해질 것입니다. 뿐만 아니라 다양한 사람을 만나고 다양한 일을 접하면서 더 많은 사회 경험을 쌓을 수 있습니다. 아르바이트를 하면 더 보람차고 의미 있는 방학을 보낼 수 있고, 또 스스로에게 잊지 못할 추억을 남길 수도 있습니다.

본문1 여행은 팀 빌딩(Team Building)을 위한 최상의 선택   p.46

'팀 빌딩(Team Building)'이란 구성원 간의 유대감과 결속력을 강화하기 위해 함께하는 활동을 가리킵니다. 전통적인 팀 빌딩은 종종 사무실이나 실내에서 이루어졌기 때문에 팀원들은 쉽게 흥미를 잃었습니다. 그런데 여행 형식의 팀 빌딩은 직원들이 사무실을 벗어나 신선한 공기를 마시고, 맛있는 음식과 아름다운 경치를 즐길 수 있게 해 주며, 여행을 하면서 몸과 마음은 편안해지고, 또 서로에 대해 더 깊이 이해할 수 있게 합니다.

여행하는 동안 팀원들은 서로 도움을 주고받아야 하는데, 이런 과정에서 구성원들 사이의 신뢰가 두터워지고 팀워크 능력이 향상될 수 있습니다. 여행식 팀 빌딩의 활동 내용은 다양한데, 구성원 각자의 필요와 관심사에 따라 맞춤형으로 진행할 수도 있습니다. 예를 들면 도보 여행, 캠핑, 야외 바비큐 파티, 등산, 팀플레이 게임 등의 활동을 할 수 있고, 초원, 해변, 명승고적 등 먼 곳의 관광지로 가서 여행할 수도 있습니다.

여행은 세상을 이해하고 문화를 배우며 삶의 경험을 풍부하게 하는 방식입니다. 여행을 통해 우리는 다양한 풍경을 보고, 다양한 생활방식을 경험하며, 다양한 문화를 이해하면서 이로 인해 스스로의 삶의 경험이 풍부해지게 됩니다. 여행 중에 우리는 다양한 도전과 어려움을 스스로 극복해야 하는데, 이는 자신감을 높이고 문제 해결 능력을 향상시키는 데 도움이 됩니다. 또한 팀 구성원 간의 유대감과 결속력을 끈끈하게 하기 때문에 여행은 팀 빌딩을 위한 최상의 선택이라고 할 수 있습니다.

본문2 주말에 집콕하며 드라마 몰아보기   p.50

주말에 집콕하며 드라마를 몰아보는 것은 몸과 마음을 편안히 하는 하나의 방식으로, 등장인물과 함께 희로애락을 느끼며 세상의 온기와 아름다움을 체험할 수 있습니다.

드라마를 보는 것은 여가 생활을 즐기는 방법으로, 우리에게 일상생활 속의 스트레스와 걱정거리를 잠시 잊을 수 있게 해 줍니다. 잘 만들어진 드라마나 영화는 우리에게 다양한 삶을 체험하고 다양한 감정을 느낄 수 있게 합니다. 드라마를 감상하는 과정에서 우리는 스토리에 따른 감정 변화를 느낄 수 있고, 또 그 안에서 여러가지 삶의 지혜를 배울 수 있습니다. 예를 들면, 인물의 성장과 노력하는 과정을 보면서 많은 미덕을 배울 수 있고, 이는 개인의 성장에도 매우 유익합니다.

드라마 감상은 사회적 활동(사교 활동)이기도 합니다. 소셜 미디어에서 우리는 드라마에 관한 수많은 댓글과 평론을 보고 그 대화에 참여해서 다른 사람들과 감상평을 공유하고, 교류의 기회도 늘릴 수 있습니다. 또한, 같은 드라마를 시청하면서 다른 사람과 공통 대화 주제와 관심사를 형성하여 서로를 이해하고 우정을 다질 수 있습니다.

결론적으로, 주말에 집콕하며 드라마를 몰아보는 것은 몸과 마음을 편안히 하는 여가 생활일 뿐만 아니라 무언가를 배우고 사회적 교류를 할 수 있는 기회가 되기도 하며, 현대 생활에서 꼭 필요한 일부분입니다.

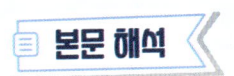

5과

본문1 스마트폰 촬영으로 일상 기록하기   p.58

　작은 전자 기기인 스마트폰은 이미 우리 삶에 없어서는 안 될 일부분이 되었습니다. 스마트폰은 일종의 통신 수단일 뿐만 아니라 일상의 아름다움을 기록하는 도구이기도 합니다. 바쁜 일상에서 우리는 종종 주변의 아름다움을 놓치곤 합니다. 하지만 스마트폰의 카메라 렌즈를 통해 찾다 보면 사실 일상에 얼마나 많은 평범한 아름다움이 존재하는지 발견하게 됩니다. 주의를 기울여 관찰하고 스마트폰으로 기록을 남겨보고 마음을 다해 느낀다면 당신은 우리의 삶이 얼마나 아름다운지 알게 될 것입니다.

　인터넷이 빠르게 발전한 오늘날, 스마트폰으로 일상을 기록하는 것은 유행하는 생활방식이 되었으며 그중 스마트폰으로 자신의 인물 사진을 촬영하는 방법을 '셀프 촬영'이라고 부릅니다. 여행 중이든 평범한 일상에서든 '셀프 촬영'은 이미 아름다운 일상을 기록하는 수단이 되었습니다.

　'셀프 촬영'에는 촬영 배경을 빼놓을 수 없습니다. 한 보고서에 따르면 자연 풍경, 하늘, 건축물, 식물 등이 가장 인기 있는 촬영 배경이라고 합니다. 그리고 실제로 '셀프 촬영'은 우리의 창의성을 불러일으키고 개성을 드러내게 합니다. 다양한 포즈를 취하고, 색다른 배경을 선택할 때 당신은 바로 스마트폰을 통해 당신의 삶에 특별한 색을 덧입히는 것입니다.

본문2 AI 번역, 믿을 수 있을까요?   p.62

　AI(인공지능) 번역 기술은 현재 이미 성숙 단계에 접어들었고 점차 인간을 대체하여 번역 작업을 수행하고 있습니다. 하지만 AI 번역이 가져다 주는 편리함을 누리는 동시에 우리는 그것이 번역 학습에 미치는 영향에도 주목할 필요가 있습니다.

　AI 번역은 많은 장점을 가지고 있습니다. 짧은 시간 안에 많은 양의 번역 작업을 완료할 수 있으며, 정확도도 높아서 다양한 요구를 충족시킬 수 있습니다. 그러나 AI 번역에는 몇 가지 문제점도 존재합니다. AI 번역은 인간과 같은 언어 구사력이 없으므로 전문적인 지식을 번역할 때 상당한 오류가 발생할 수 있습니다. 그밖에 AI 번역 기술의 보급으로 사람들이 이런 방식에 더욱 의존하게 되면서 자신의 외국어 능력을 과소평가하게 됩니다.

　따라서 우리는 AI 번역 기술을 적절하게 활용하되 그것에 완전히 의존해서는 안 됩니다. AI 번역은 단순히 일종의 도구일 뿐 번역의 전체 과정을 대체할 수는 없습니다. 인간의 이해가 바탕이 되어야만 더욱 정확한 번역 결과를 얻을 수 있습니다.

본문1 Chill 문화를 아시나요?   p.70

　영어의 'Chill'은 여러 의미가 있지만, 현대 구어에서는 주로 '편안함'과 '여유로움'이라는 뜻으로 이해됩니다. 예를 들어, 누군가 "I'm just chilling."이라고 말할 때, 그 의미는 일반적으로 그들이 편안하게 쉬거나 여유로운 시간을 보내고 있다는 뜻입니다. Chill 문화는 여유롭고 편안한 삶의 방식을 추구하는 것을 의미하며, 몸과 마음의 긴장을 풀고 삶을 즐기는 데 그 의미를 둡니다.

　빠르게 움직이는 사회 안에서 Chill 문화는 바쁜 일상에서 평온함과 자유로움을 찾게 해 줍니다. 이런 문화로는 주말 오후에 마시는 커피 한 잔, 좋은 책 한 권일 수도 있고, 또는 혼자서 조용히 걷는 산책일 수도 있습니다. Chill 문화는 '느리게 사는 삶'을 지향하며, 바쁜 일상에서 균형을 찾고 불안을 거부하는 방법을 배우게 합니다. 이것은 단순히 삶을 사랑하는 것뿐만 아니라 나아가 자신의 내면 세계를 존중하고 돌보는 것입니다.

　Chill 문화는 마음의 안락함과 삶을 즐기는 것을 지향하는 자세로, 편안한 생활 환경을 만들고 자신에게 적합한 라이프 스타일을 선택하는 방식을 통해 실현됩니다. 또 이런 문화는 물질적 환경의 편안함에 관심을 가질 뿐만 아니라 정신적인 편안함과 만족감도 강조합니다. 다른 사람의 인정을 바라지 않고 단지 스스로가 안정감을 느끼고 즐겁다면 그것이 바로 진정한 Chill 자세입니다! 따라서 '여유로움'이라는 유행어도 자연스럽게 생겨났습니다.

본문2 유료 '대리 티켓팅'으로 박물관 무료 입장권 구하기   p.74

　여름 방학을 앞두고 박물관 관람의 열기가 한창입니다. 통계에 의하면 2025년 기준 중국의 박물관 총 수는 7000여 개소이며 세계적으로 상위권입니다. 게다가 박물관은 무료 개방 정책을 실행하고 있습니다. 그런데 무료 입장이 가능한 대다수의 박물관은 예약하기가 어렵습니다. 온라인에서 검색해 보니 원래 무료인 입장권들이 인터넷에서 대량 판매되고 있었으며, 게다가 표시된 가격이 원래 입장료보다 더 비싸고, 심지어 어떤 이들은 유료 대리 티켓팅과 사전 예약 서비스도 제공하고 있었습니다.

　현재는 박물관 입장권 판매가 시작되는 순간 몇 초 만에 바로 매진됩니다. 관람을 원하는 관람객은 입장권을 구할 수 없어 결국 유료 '대리 티켓팅'으로 무료 입장권을 구할 수밖에 없습니다. 하지만 이렇게 되면 박물관의 무료 개방 정책이 본래의 취지를 잃게 됩니다.

　사실, 관람객이 돈을 주고 박물관의 무료 입장권을 '대리 티켓팅'하는 행위는 옳지 않습니다. 이는 사회 질서를 해치는 행동입니다. 박물관의 입장에서 보면 관람객의 입장권 예약이 어려운 본질적인 원인은 수요와 공급의 불균형에 있습니다. 이를 해결하려면 박물관 측에서 공급을 늘려야 합니다. 예를 들어 각지의 박물관은 성수기 개장 시간 연장, 야간 개장 증설 등의 조치를 통해 관람객의 관람 수요를 충족시켜야 합니다. 박물관 측은 '하늘의 별 따기보다 어려운 입장권 구매' 문제를 해결하는 동시에 박물관의 공공 서비스 수준을 높여 더 많은 관람객이 박물관의 매력을 체감할 수 있도록 해야 합니다.

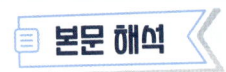

7과

본문1 제품에 미치는 인플루언서의 영향력   p.82

　　인플루언서의 영향력은 간과할 수 없습니다. 그들은 두꺼운 팬층을 보유하고 있으며 강력한 홍보력과 구매력을 지니고 있습니다. 때문에 점점 더 많은 기업들이 인플루언서를 활용하여 자사 제품을 확충하고 매출을 늘리고 있습니다. 그렇다면 인플루언서가 제품 판매에 미치는 영향력은 도대체 얼마나 큰 걸까요?

　　인플루언서는 라이브 방송, 숏폼, 웨이보 등 다양한 루트로 상품을 소개하고 팔로워들의 구매까지 이어지게 합니다. 이러한 마케팅 방식은 제품의 노출 횟수를 늘릴 뿐만 아니라 제품의 인지도를 높여 더 많은 소비자를 끌어들입니다. 또한 팔로워의 구매력 역시 매우 강력합니다. 인플루언서가 특정 제품을 추천하면 팔로워들은 자연스럽게 그 제품을 선택하고 구매하여 이는 매출액 증가로 이어집니다.

　　많은 기업들은 인플루언서와 협업하여 그들의 온라인상의 영향력을 활용해 기업의 브랜드 이미지를 높입니다. 소비자들은 자신이 좋아하는 인플루언서가 특정 브랜드를 추천하면 그 브랜드를 선택할 가능성이 높아지며, 이는 브랜드 인지도 상승으로 이어집니다.

　　한마디로 말해 인플루언서는 제품 판매에 막대한 영향을 미칩니다. 그들은 제품의 확장, 판매, 그리고 홍보 등의 방면에서 많은 수익성을 가져다 줄 수 있습니다. 때문에 기업들은 인플루언서의 영향력을 주시하고 그들과 적극적으로 협업해야 더 큰 시장으로 기업을 진출시킬 수 있습니다.

본문2 온라인 쇼핑몰과 오프라인 매장   p.86

　　디지털 시대의 강력한 영향으로 온라인 쇼핑은 이미 우리 삶의 일부로 자리잡았고, 점차 기존의 오프라인 매장의 판매 방식을 대체하고 있습니다. 온라인 쇼핑과 오프라인 쇼핑은 각각의 장점이 있지만, 온라인 쇼핑은 여러 면에서 나름의 편리함과 매력을 드러내고 있습니다.

　　온라인 쇼핑의 가장 큰 장점 중 하나는 바로 극강의 편리함입니다. 언제 어디서든 인터넷만 연결하면 소비자는 쉽게 상품을 구매할 수 있어서 바쁜 현대사회에 더 자유로운 선택지를 제공해 주었습니다. 소비자는 업무 사이, 저녁 또는 주말 등 언제든지 쇼핑을 할 수 있게 되어서 오프라인 매장의 영업 시간과 장소의 제약에서 벗어나게 되었습니다. 그러나 오프라인 매장에서 쇼핑하면 소비자는 상품의 실제 모습을 직접 볼 수 있고, 심지어는 착용해 보고 테스트해 볼 수 있기 때문에 상품의 적합성이나 품질을 더 잘 느낄 수 있게 되고, 이는 소비자에게 더 실질적인 쇼핑 경험을 제공합니다.

　　따라서 쇼핑 방식을 선택할 때 무작정 온라인 쇼핑몰 또는 오프라인 매장을 고집하기보다는 자신에게 맞는 쇼핑 방식을 선택해야 합니다. 또한 가장 중요한 것은 자신의 소비 경험과 이익을 확보해야 한다는 것입니다.

본문1 상사가 화낼 때 어떻게 해야 하나요?　　p.94

　모든 사람들은 내심 긍정과 인정을 얻기를 갈망합니다. 우리가 상사의 분노에 기분이 상하는 이유는 무의식적으로 '내가 일을 잘 못한다고 상사가 비판하는 것'을 '상사가 나 자체를 부정하는 것'으로 여기기 때문입니다. 상사의 감정이 나에게 어떤 영향을 미치든 가장 먼저 배워야 할 것은 어떤 일에는 맞고 틀림이 있고 그 방법에도 옳고 그름이 있지만 나는 그 일을 더 잘할 수 있다는 점입니다.

　어떤 상사는 성격이 급해서 작은 일에도 곧장 화를 내곤 합니다. 이런 성격을 가진 상사에게는 대놓고 자기 생각을 말해서 갈등을 부추기지 말고 대화 주제를 돌리거나 잠시 자리를 피하는 것이 좋습니다. 예를 들어, 업무와 관련된 이유를 들어 잠시 자리를 피하면 갈등이 더 커지는 것을 막을 수 있습니다. 이것 또한 삶의 지혜 중 하나입니다. 또 어떤 상사는 근래에 걱정거리가 생겨 쉽게 화를 낼 수도 있습니다. 하지만 그의 화가 꼭 당신을 겨냥한 것이 아니라 다른 일 때문이라고 판단할 줄 알아야 합니다. 이런 상사에게는 당신이 경청하는 사람이 되어 차분하고 부드럽게 대해봅시다. 이렇게 하면 당신의 감정 역시 영향을 받지 않도록 하는 데 도움이 됩니다.

　직장에서 매번 상사가 화를 낼 때마다 한 번의 시련을 겪게 됩니다. 이 시련을 어떻게 대처하느냐에 따라 상사에게 비치는 당신의 이미지와 앞으로의 발전 기회가 결정됩니다. 그러므로 상사의 화가 꼭 나쁜 일만은 아닐 수 있습니다. 제대로 대응만 한다면 그 과정에서 신뢰를 얻고 성장할 수 있습니다.

본문2 야근 거부하기　　p.98

　먼저 우리는 한 가지 원칙을 이해해야 합니다. 야근은 일을 더 잘 마무리하기 위한 것이지 일이 우리의 전부가 되게 하기 위한 것이 아닙니다. 만약 회사가 야근을 요구하면 우리는 먼저 그 야근이 정말 필요한 것인지, 그리고 그것이 우리의 직업 윤리에 부합하는지를 분명히 해야 합니다.

　만약 회사가 우리에게 야근을 요구하는데 그 야근이 합리적이지 않거나 우리의 삶과 일에 부정적인 영향을 미친다면 우리는 용기 있게 거부해야 합니다. 그렇다면 회사의 부당한 야근을 어떻게 정중하게 거절할 수 있을까요?

　당신은 야근을 거부하려는 이유를 상사에게 합리적으로 설명해야 합니다. 예를 들어 "사장님, 회사로서는 직원이 야근을 해서라도 업무를 마무리하기 원한다는 것을 이해합니다. 하지만 저는 야근이나 주말 근무가 아니라 업무 시간 내에 집중해서 일을 마무리해야 한다고 생각합니다. 이런 방식은 업무 효율에 영향을 미칠 뿐만 아니라 우리의 삶에도 부정적인 영향을 미칠 수 있습니다."라고 말하는 것입니다.

　결론적으로 우리는 자신의 생각을 용기 있게 말해야 하며 야근 때문에 자신의 생활과 건강을 희생해서는 안 됩니다. 또 우리는 유머러스하고 이성적인 방법으로 회사의 부당한 야근을 거부할 줄 알아야 합니다. 이렇게 해야만 우리는 스스로의 권익과 삶을 지킬 수 있습니다.

확인하기 & 문제 만나기 정답

1과

확인하기
| 본문1 | 1 ❶ | 2 ❹ |
| 본문2 | 1 ❷ | 2 ❸ |

문제 만나기

1. ❶ 临时
   ❷ 相似
   ❸ 伤心
   ❹ 绿色
   ❺ 负面
   ❻ 一次性

2. ❶ B ❷ A ❸ D ❹ C

3. ❶ 不能没有
   ❷ 代名词
   ❸ 生活方式
   ❹ 从 / 做起

4. ❶ 我边锻炼边听音乐。
   ❷ 妈妈边喝咖啡边写小说。

5. ❶ 这次考试，她取得了好成绩，同时也得到了老师的表扬。
   ❷ 我想去中国留学，同时也想了解中国文化。

2과

확인하기
| 본문1 | 1 ❹ | 2 ❶ |
| 본문2 | 1 ❸ | 2 ❶ |

문제 만나기

1. ❶ 达到
   ❷ 只好
   ❸ 避免
   ❹ 改善
   ❺ 保持
   ❻ 按时

2. ❶ B ❷ D ❸ A ❹ C

3. ❶ 抗氧化物
   ❷ 防晒成分
   ❸ 良好效果
   ❹ 多做运动

4. ❶ 我们除了喜爱音乐，还有很多的共同爱好。
   ❷ 今天除了英语作业，还有数学作业。

5. ❶ 只要坚持锻炼身体，身体就会逐渐健康。
   ❷ 只要你给我买机票，我就会回北京。

3과

확인하기

본문1　1 ②　　2 ④
본문2　1 ③　　2 ①

문제 만나기

1　① 发愁
　　② 之前
　　③ 繁忙
　　④ 期间
　　⑤ 积累
　　⑥ 互相

2　① C　② A　③ B　④ D

3　① 充分了解
　　② 自己的心态
　　③ 适应社会
　　④ 充实 / 有意义

4　① 即使遇到很大的困难，我们也不会放弃。
　　② 即使你不同意我的观点，我也会尊重你的看法。

5　① 她一直等着你。
　　② 外边下着雨，我也一直看着窗外。

4과

확인하기

본문1　1 ③　　2 ④
본문2　1 ④　　2 ①

문제 만나기

1　① 丰富
　　② 应对
　　③ 凝聚力
　　④ 不可
　　⑤ 往往
　　⑥ 作为

2　① C　② B　③ A　④ A

3　① 多种多样
　　② 彼此之间
　　③ 压力和烦恼
　　④ 情感变化

4　① 夏天的时候，她往往去海边。
　　② 老师往往在星期三给我们读小说。

5　① 关于她的工作问题，我们以后再谈。
　　② 关于去黄山旅游的事情，我们都同意。

확인하기 & 문제 만나기 정답

5과

확인하기

본문1　1 ③　　2 ②
본문2　1 ④　　2 ③

문제 만나기

1　① 忽略
　② 成为
　③ 记录
　④ 注意
　⑤ 普及
　⑥ 满足

2　① D　② C　③ B　④ A

3　① 通讯工具
　② 生活方式
　③ 全部过程
　④ 像 / 一样

4　① 科学家用科学技术去改变世界。
　② 老师用知识去教育学生。

5　① 弟弟的脸蛋像苹果一样又圆又红。
　② 智能机器人像人类一样聪明。

6과

확인하기

본문1　1 ②　　2 ③
본문2　1 ④　　2 ③

문제 만나기

1　① 追求
　② 找寻
　③ 通常
　④ 实行
　⑤ 本来
　⑥ 搜索

2　① A　② D　③ A　④ B

3　① 享受生活
　② 快节奏
　③ 开放时间
　④ 超过原价

4　① 他们正在打扫房间的时候，电话来了。
　② 人们正在散步时，突然下大雨了。

5　① 他们的错误就在于不认真工作。
　② 成功的关键在于不断地挑战自我。

7과

확인하기

본문 1　1 ②　　2 ④
본문 2　1 ④　　2 ③

문제 만나기

1　① 究竟
　② 展示
　③ 提升
　④ 一味
　⑤ 呈现
　⑥ 取代

2　① A　② C　③ B　④ D

3　① 倾向于
　② 知名度
　③ 何时何地
　④ 试穿 / 试用

4　① 考上大学以后，在选择专业时，很多人倾向于英语专业。
　② 他想去旅游，在欧洲和美国之间，他更倾向于去美国。

5　① 在经济危机的冲击下，许多企业遇到了很大的困难。
　② 在巨大的悲痛的冲击下，她病了很长时间。

8과

확인하기

본문 1　1 ③　　2 ④
본문 2　1 ②　　2 ①

문제 만나기

1　① 获得
　② 考验
　③ 有助
　④ 符合
　⑤ 牺牲
　⑥ 造成

2　① A　② D　③ C　④ C

3　① 很有可能
　② 等同于
　③ 集中精力
　④ 更好地完成

4　① 小明之所以非常开心，是因为他考试得了满分。
　② 花之所以开得很美丽，是因为花得到了很好的照顾。

5　① 为了生活更幸福而努力赚钱。
　② 为了保护我们的生存环境而应该减少使用塑料制品。

실력 check! 모범 답안

독해

1과

1. '밥 친구'가 되는 것은 쉽지만, 입맛이 비슷한 '밥 친구'를 찾는 것은 매우 어렵다.
2. 저탄소 생활은 생활 방식을 바꿔서 이산화탄소 배출량을 줄이는 것이다.
3. 우리 함께 저탄소 생활에 동참하여 지구 환경 지키기에 이바지하자.

2과

1. 여름은 더운 것 말고도 또 커다란 난제가 있는데, 그것은 바로 자외선 차단을 제대로 하지 않으면 피부가 쉽게 타버린다는 것이다.
2. 토마토는 가장 좋은 자외선 차단 식품인데, 토마토가 함유한 리코펜(lycopene)은 중요한 자외선 차단 성분이다.
3. 살찌지 않으려면 꾸준한 운동과 동시에 칼로리 섭취도 조절해야만 효과적인 다이어트를 할 수 있다.

3과

1. 설령 좋아하지 않는 전공을 선택했더라도 배우고 성장할 기회를 포기하지 말아야 한다.
2. 사실 동창과 함께 아르바이트를 하면 서로에게 도움이 될 수 있다.
3. 아르바이트를 하면 더 보람차고 의미 있는 방학을 보낼 수 있고, 또 스스로에게 잊지 못할 추억을 남길 수도 있다.

4과

1. '팀 빌딩(Team Building)'이란 구성원 간의 유대감과 결속력을 강화하기 위해 함께하는 활동을 가리킨다.
2. 드라마를 보는 것은 여가 생활을 즐기는 방법으로, 우리에게 일상생활 속의 스트레스와 걱정거리를 잠시 잊을 수 있게 해 준다.
3. 주말에 집콕하며 드라마를 몰아보는 것은 몸과 마음을 편안히 하는 여가 생활일 뿐만 아니라 무언가를 배우고 사회적 교류를 할 수 있는 기회가 되기도 한다.

5과

1. 작은 전자 기기인 스마트폰은 이미 우리 삶에 없어서는 안 될 일부분이 되었다.
2. 여행 중이든 평범한 일상에서든 '셀프 촬영'은 이미 아름다운 일상을 기록하는 수단이 되었다.
3. AI 번역은 단순히 일종의 도구일 뿐 번역의 전체 과정을 대체할 수는 없다.

6과

1. 빠르게 움직이는 사회 안에서 Chill 문화는 바쁜 일상에서 평온함과 자유로움을 찾게 해 준다.
2. Chill 문화는 단순히 삶을 사랑하는 것뿐만 아니라 나아가 자신의 내면 세계를 존중하고 돌보는 것이다.
3. 박물관의 입장에서 보면 관람객의 입장권 예약이 어려운 본질적인 원인은 수요와 공급의 불균형에 있다.

7과

1. 소비자들은 자신이 좋아하는 인플루언서가 특정 브랜드를 추천하면 그 브랜드를 선택할 가능성이 높아지며, 이는 브랜드 인지도 상승으로 이어진다.
2. 디지털 시대의 강력한 영향으로 온라인 쇼핑은 이미 우리 삶의 일부로 자리잡았다.
3. 쇼핑 방식을 선택할 때 무작정 온라인 쇼핑몰 또는 오프라인 매장을 고집하기보다는 자신에게 맞는 쇼핑 방식을 선택해야 한다.

8과

1 쉽게 화내는 상사를 대할 때는 경청하는 사람이 되어 차분하고 부드럽게 대하면 당신의 감정 역시 영향을 받지 않도록 하는 데 도움이 된다.
2 야근은 일을 더 잘 마무리하기 위한 것이지 일이 우리의 전부가 되게 하기 위한 것이 아니다.
3 우리는 유머러스하고 이성적인 방법으로 회사의 부당한 야근을 거부할 줄 알아야 한다.

단어

1 임시, 잠시
2 xiāngsì
3 费用
4 jiǎnshǎo
5 避免
6 나쁜 면, 부정적인 면
7 pífū
8 损伤
9 성분, 요소
10 长肉
11 féipàng
12 영양, 양분
13 专业
14 fùdú
15 취직하다, 취업하다
16 jiānzhí
17 挣钱
18 우애, 우정
19 团建
20 chéngyuán
21 대응하다, 대처하다
22 感受
23 guānkàn
24 경감하다, 덜다
25 shèyǐng
26 记录
27 배경
28 fānyì
29 技术
30 정확하다, 확실하다
31 悠闲
32 추구하다, 지향하다
33 guānzhù
34 免费
35 정책
36 供给
37 wǎnghóng
38 粉丝
39 xiāoshòu
40 인터넷 상점, 온라인 쇼핑몰
41 连接
42 세심하다, 세밀하다
43 lǐngdǎo
44 성격
45 职场
46 cízhí
47 야근하다, 초과 근무하다
48 职业
49 집중하다
50 xīshēng

단어 색인

A

按时	ànshí	제때에, 제시간에	16 (1과)

B

摆出	bǎichū	(포즈를) 취하다	60 (5과)
摆脱	bǎituō	벗어나다, 빠져나오다	87 (7과)
办公室	bàngōngshì	사무실	46 (4과)
包含	bāohán	포함하다, 내포하다	59 (5과)
包括	bāokuò	포괄하다, 포함하다	60 (5과)
包装	bāozhuāng	포장(하다)	15 (1과)
保持	bǎochí	지키다, 유지하다	28 (2과)
报告	bàogào	보고(하다), 보고서, 리포트	59 (5과)
曝光率	bàoguānglǜ	노출(빈)도, 노출률	83 (7과)
背景	bèijǐng	배경	59 (5과)
本来	běnlái	본래, 원래	75 (6과)
比如	bǐrú	예컨대, 예를 들면	24 (2과)
彼此	bǐcǐ	서로, 피차, 상호	47 (4과)
必须	bìxū	반드시 ~해야 한다, 꼭 ~해야 한다	10 (1과)
必要	bìyào	필요, 필요(로) 하다	98 (8과)
毕业	bìyè	졸업(하다)	36 (3과)
避免	bìmiǎn	피하다, 모면하다	15 (1과)
变化	biànhuà	변화(하다), 달라지다, 바뀌다	51 (4과)
便利	biànlì	편리하게 하다, 편리하다	62 (5과)
便利性	biànlìxìng	편리성, 편의성	87 (7과)
脖子	bózi	목	23 (2과)
博物馆	bówùguǎn	박물관	74 (6과)
不对	búduì	정상이 아니다, 틀리다	75 (6과)
不合理	bùhélǐ	불합리하다	99 (8과)
不可或缺	bù kě huò quē	없어서는 안 된다, 꼭 필요하다	52 (4과)
不可缺少	bùkě quēshǎo	없어서는 안 된다	58 (5과)
不同	bùtóng	같지 않다, 다르다	47 (4과)
不易	búyì	쉽지 않다, 어렵다	10 (1과)
步行	bùxíng	걸어서 가다, 도보로 가다	15 (1과)

C

参观	cānguān	참관하다, 견학하다	74 (6과)
参与	cānyù	참여하다, 가담하다	16 (1과)
餐具	cānjù	식기	15 (1과)
草原	cǎoyuán	초원	47 (4과)
查阅	cháyuè	검열하다	64 (5과)
尝试	chángshì	시험(해 보다), 시행(해 보다)	36 (3과)
超过	chāoguò	초과하다, 추월하다, 따라 앞서다	75 (6과)
称为	chēngwéi	~라고 일컫다, ~으로 불리우다	59 (5과)
成分	chéngfèn	성분, 요소	24 (2과)
成绩	chéngjì	성적	35 (3과)
成熟	chéngshú	(기술이) 숙달되다, 숙련되다	62 (5과)
成员	chéngyuán	성원, 구성 인원	46 (4과)
成长	chéngzhǎng	성장하다, 자라다	36 (3과)
呈现	chéngxiàn	나타내다, 양상을 띠다	87 (7과)
吃力	chīlì	힘들다, 힘겹다	35 (3과)
冲击	chōngjī	충돌하다, 충격, 쇼크	86 (7과)
充分	chōngfèn	충분히, 완전히, 십분	35 (3과)
充实	chōngshí	충실하다, 풍부하다	40 (3과)
出行	chūxíng	외출하여 멀리 가다	15 (1과)
出于	chūyú	~에서 나오다, ~에서 발생하다	11 (1과)
处理	chǔlǐ	처리하다	15 (1과)

传播 chuánbō	널리 퍼뜨리다, 전파하다	84 (7과)
传播力 chuánbōlì	전파력	82 (7과)
传统 chuántǒng	전통, 고유, 옛날	46 (4과)
传统风俗 chuántǒng fēngsú	전통 풍속	64 (5과)
创意 chuàngyì	창의성, 창의력	60 (5과)
辞职 cízhí	사직하다	96 (8과)
此时 cǐshí	이때, 지금	35 (3과)
从……做起 cóng……zuòqǐ	~부터 시작하다	16 (1과)
从而 cóng'ér	따라서, 그리하여, ~함으로써	83 (7과)
从中 cóngzhōng	중간에서, 가운데에서	51 (4과)
存在 cúnzài	존재(하다), 현존(하다)	63 (5과)
措施 cuòshī	조치(하다), 대책(을 행하다)	76 (6과)
错误 cuòwù	오류, 실수	63 (5과)

D

搭子 dāzi	파트너, 친구	10 (1과)
达到 dádào	달성하다, 도달하다	23 (2과)
打扮 dǎban	치장하다, 단장하다, 꾸미다	22 (2과)
大量 dàliàng	대량의, 대량으로	63 (5과)
大气层 dàqìcéng	대기층	23 (2과)
代名词 dàimíngcí	대명사	12 (1과)
代抢 dài qiǎng	대리 티켓팅, 대리 구매(하다)	74 (6과)
当面 dāngmiàn	마주보다, 직접 맞대다	95 (8과)
当然 dāngrán	당연하다, 당연히, 물론(이다)	11 (1과)
到达 dàodá	도착하다, 도달하다	23 (2과)
道德 dàodé	도덕, 윤리	99 (8과)
道理 dàolǐ	법칙, 규율, 도리, 이치	98 (8과)

登山 dēngshān	등산(하다)	47 (4과)
等同于 děngtóng yú	~와 동일시하다, ~와 같다	94 (8과)
低碳生活 dītàn shēnghuó	저탄소 생활, 친환경적 생활	14 (1과)
地点 dìdiǎn	장소, 위치	60 (5과)
地面 dìmiàn	지면, 지표	23 (2과)
地址 dìzhǐ	소재지, 주소	40 (3과)
点菜 diǎncài	요리를 주문하다	11 (1과)
电话号码 diànhuà hàomǎ	전화번호	40 (3과)
电视剧 diànshìjù	드라마	51 (4과)
电影 diànyǐng	영화	39 (3과)
电子设备 diànzǐ shèbèi	전자 기기	58 (5과)
定制 dìngzhì	맞춤 제작(하다)	47 (4과)
独立 dúlì	독립(하다), 독자적으로 하다	48 (4과)
独特 dútè	독특하다, 특수하다	60 (5과)
短裙 duǎnqún	짧은 치마, 미니스커트	23 (2과)
短视频 duǎn shìpín	쇼트클립, 숏폼	83 (7과)
对待 duìdài	대하다	95 (8과)
对象 duìxiàng	애인, 결혼 상대	10 (1과)
多种多样 duōzhǒng duōyàng	가지각색(의), 여러 가지(의)	47 (4과)

E

| 二氧化碳 èryǎnghuàtàn | 이산화탄소(CO_2) | 14 (1과) |

F

| 发愁 fāchóu | 근심하다, 걱정하다, 우려하다 | 34 (3과) |
| 发火 fāhuǒ | 발끈 화를 내다 | 95 (8과) |

단어 색인 **133**

단어 색인

发脾气 fā píqi	화를 내다, 성질을 내다	94	(8과)
番茄红素 fānqiéhóngsù	리코펜 [토마토 따위의 붉은 색소, lycopene]	24	(2과)
翻译 fānyì	번역하다, 통역하다	62	(5과)
烦恼 fánnǎo	번뇌(하다), 걱정(하다)	39	(3과)
繁忙 fánmáng	번거롭고 바쁘다	35	(3과)
饭搭子 fàndāzi	밥 친구	10	(1과)
范围 fànwéi	범위	36	(3과)
方言 fāngyán	방언, 사투리	10	(1과)
防晒 fángshài	자외선 차단, 썬 케어	22	(2과)
防晒霜 fángshàishuāng	썬크림, 자외선 차단제	23	(2과)
放假 fàngjià	방학하다	38	(3과)
放弃 fàngqì	버리다, 포기하다	36	(3과)
肥胖 féipàng	뚱뚱하다, 비만	26	(2과)
费用 fèiyong	비용, 지출	11	(1과)
分开 fēnkāi	나누다, 구별하다	15	(1과)
分类 fēnlèi	분류(하다)	15	(1과)
分享 fēnxiǎng	함께 나누다, 공유하다	11	(1과)
粉丝 fěnsī	팬(fans), 팬덤, 팔로워	82	(7과)
丰富 fēngfù	풍부하다, 많다	48	(4과)
风景 fēngjǐng	풍경, 경치	22	(2과)
否认 fǒurèn	부인하다, 부정하다	94	(8과)
符合 fúhé	부합하다, 맞다, 일치하다	99	(8과)
辐射 fúshè	방사(하다), 복사(하다)	23	(2과)
负面 fùmiàn	나쁜 면, 부정적인 면	16	(1과)
复读 fùdú	재수하다	35	(3과)
富有 fùyǒu	부유하다, 유복하다	72	(6과)

G

改善 gǎishàn	개선(하다)	26	(2과)
感觉 gǎnjué	느끼다, 여기다	35	(3과)
感受 gǎnshòu	(영향을) 받다, 느끼다	50	(4과)
感兴趣 gǎnxìngqù	흥미를 느끼다, 재미를 느끼다, 관심을 갖다	35	(3과)
高峰时期 gāofēng shíqī	고조기, 전성기, 성수기	76	(6과)
个性 gèxìng	개성	60	(5과)
各有 gèyǒu	각자 가지고 있다, 저마다 가지고 있다	86	(7과)
各种各样 gèzhǒng gèyàng	각양각색, 각종, 여러가지	40	(3과)
根本 gēnběn	근본, 기초	75	(6과)
根据 gēnjù	근거(하다), 의거하다, 따르다	16	(1과)
跟随 gēnsuí	뒤따르다, 따라가다, 따르다	50	(4과)
工具 gōngjù	공구, 수단, 도구	58	(5과)
公共 gōnggòng	공공의, 공용의	76	(6과)
供给 gōngjǐ	공급(하다), 급여(하다)	76	(6과)
供需 gōngxū	공급과 수요	75	(6과)
共同 gòngtóng	함께, 다같이	16	(1과)
贡献 gòngxiàn	공헌(하다), 기여(하다), 이바지하다	16	(1과)
购买力 gòumǎilì	구매력	82	(7과)
购票 gòupiào	표를 사다	75	(6과)
孤独 gūdú	고독하다	11	(1과)
故事 gùshi	이야기, 스토리	51	(4과)
关键 guānjiàn	관건, 매우 중요한	23	(2과)
关于 guānyú	~에 관해서, ~에 관한	51	(4과)
关注 guānzhù	관심(을 가지다), 주목하다	72	(6과)
观察 guānchá	관찰(하다)	59	(5과)
观看 guānkàn	관람하다, 보다	51	(4과)
观影感受 guānyǐng gǎnshòu	영화를 본 소감, 감상평	51	(4과)
观众 guānzhòng	관중, 관람객	75	(6과)
光线 guāngxiàn	광선, 빛	23	(2과)
规模 guīmó	규모	84	(7과)
过程 guòchéng	과정	51	(4과)

부록

| 过多 guòduō | 너무 많다 | 15 (1과) |

H

海滨 hǎibīn	해안, 해변	47 (4과)
含义 hányì	내포된 뜻, 함의	70 (6과)
含有 hányǒu	함유하다, 포함하고 있다	24 (2과)
好处 hǎochu	장점, 좋은 점, 이로운 점	35 (3과)
好奇心 hàoqíxīn	호기심	36 (3과)
合理 hélǐ	합리적이다	15 (1과)
合作 hézuò	합작(하다), 협력(하다), 팀워크	47 (4과)
何时何地 héshí hédì	언제 어디서든	87 (7과)
呼吸 hūxī	호흡(하다)	47 (4과)
忽略 hūlüè	소홀히 하다, 등한히 하다	58 (5과)
互相 hùxiāng	서로, 상호	39 (3과)
花钱 huāqián	돈을 쓰다	74 (6과)
话题 huàtí	화제, 대화 주제	30 (3과)
坏事 huàishì	나쁜 일	96 (8과)
缓解 huǎnjiě	완화시키다, 완화하다	39 (3과)
回忆 huíyì	회상(하다), 추억(하다)	40 (3과)
活动 huódòng	활동(하다)	46 (4과)
活力 huólì	활력, 생기, 활기	23 (2과)
或者 huòzhě	~이거나, ~든지	35 (3과)
获得 huòdé	획득하다, 얻다	94 (8과)

J

积极 jījí	적극적이다, 긍정적이다	28 (2과)
积累 jīlěi	쌓이다, 누적하다, 축적하다	40 (3과)
基础 jīchǔ	기초, 토대, 기반	35 (3과)
激发 jīfā	불러일으키다, 분발시키다	60 (5과)
激化 jīhuà	격화되다, 격화시키다	95 (8과)

极大 jídà	지극히 크다, 극대(하다), 지대하다	87 (7과)
即使 jíshǐ	설령 ~하더라도, 설사 ~할지라도	36 (3과)
急性子 jíxìngzi	조급한 성질, 성급한 사람	95 (8과)
集中 jízhōng	집중하다	99 (8과)
记录 jìlù	기록(하다)	58 (5과)
技能 jìnéng	기능, 기술, 스킬	39 (3과)
技术 jìshù	기술	62 (5과)
季节 jìjié	계절, 철	48 (4과)
既 jì	~할 뿐만 아니라, ~하고, ~뿐더러	38 (3과)
寂寞 jìmò	적적하다, 쓸쓸하다	11 (1과)
加班 jiābān	야근하다, 초과 근무하다	98 (8과)
加深 jiāshēn	깊게 하다, 깊어지다, 심화하다	39 (3과)
价格 jiàgé	가격	75 (6과)
假期 jiàqī	휴가 기간, 휴일	39 (3과)
坚持 jiānchí	견지하다, 끝까지 버티다, 고수하다	23 (2과)
兼职 jiānzhí	겸직(하다), 아르바이트하다	38 (3과)
减肥 jiǎnféi	체중을 줄이다, 살을 빼다, 다이어트하다	26 (2과)
减轻 jiǎnqīng	경감하다, 덜다	52 (4과)
减少 jiǎnshǎo	줄이다, 감소하다	14 (1과)
间隙 jiànxì	틈(새), 사이, 겨를, 짬	87 (7과)
建立 jiànlì	이루다, 형성하다	51 (4과)
建筑 jiànzhù	건축물	60 (5과)
健康状况 jiànkāng zhuàngkuàng	건강 상태, 컨디션	26 (2과)
降低 jiàngdī	낮추다, 내리다	14 (1과)
交流 jiāoliú	교류(하다), 왕래하다	39 (3과)
焦虑 jiāolǜ	가슴을 태우다, 애타게 걱정하다, 마음을 졸이다	38 (3과)
教训 jiàoxun	교훈(하다), 훈계하다	39 (3과)
接触 jiēchù	접촉하다, 닿다	40 (3과)

단어 색인 **135**

단어 색인

节能 jiénéng	에너지를 절약하다	15	(1과)
节奏 jiézòu	리듬, 템포, 일정한 규칙	71	(6과)
结果 jiéguǒ	결과, 결실	64	(5과)
结束 jiéshù	끝나다, 마치다, 종료(하다)	39	(3과)
解决 jiějué	해결하다	48	(4과)
解释 jiěshì	해명하다, 설명하다	96	(8과)
金钱 jīnqián	금전, 돈	76	(6과)
尽可能 jǐnkěnéng	되도록, 될 수 있는 한	15	(1과)
尽量 jǐnliàng	되도록, 최대한, 가급적	14	(1과)
经历 jīnglì	겪다, 경험(하다), 체험하다	50	(4과)
经验 jīngyàn	경험(하다), 겪다, 체험하다	39	(3과)
精力 jīnglì	정력, 에너지	99	(8과)
景点 jǐngdiǎn	경치가 좋은 곳, 명소, 경승지	47	(4과)
静静 jìngjìng	잔잔하다, 고요하다, 조용하다	71	(6과)
镜头 jìngtóu	렌즈	59	(5과)
究竟 jiūjìng	도대체, 대관절	83	(7과)
就业 jiùyè	취직하다, 취업하다	36	(3과)
巨大 jùdà	거대하다	84	(7과)
拒绝 jùjué	거절하다, 거부하다	71	(6과)
具体 jùtǐ	구체적이다	14	(1과)
具有 jùyǒu	구비하다, 가지다	63	(5과)
角色 juésè	배역, 인물, 역할	50	(4과)

K

咖啡 kāfēi	커피	71	(6과)
开放 kāifàng	(출입, 통행을) 개방하다	74	(6과)
开票 kāipiào	표를 팔기 시작하다	75	(6과)
开学季 kāixué jì	개학 시즌	34	(3과)
看来 kànlái	보기에, 보아하니, 보니까	35	(3과)
抗氧化物 kàng yǎnghuàwù	항산화 물질, 항산화제	24	(2과)
考虑 kǎolǜ	고려(하다)	35	(3과)
考验 kǎoyàn	시험(하다), 시련(을 주다), 검증(하다)	96	(8과)
靠 kào	의지하다, 의거하다	27	(2과)
科学 kēxué	과학(적이다)	27	(2과)
可回收 kěhuíshōu	재활용	15	(1과)
可信 kěxìn	미덥다, 믿을 만하다	62	(5과)
渴望 kěwàng	갈망(하다)	94	(8과)
克服 kèfú	극복하다, 참고 견디다, 이겨내다	36	(3과)
肯定 kěndìng	긍정, 인정	94	(8과)
空气 kōngqì	공기	47	(4과)
控制 kòngzhì	억제하다, 제어하다, 컨트롤하다	27	(2과)
口味 kǒuwèi	맛, 입맛	10	(1과)
口语 kǒuyǔ	구어, 입말	70	(6과)
夸张 kuāzhāng	과장하다, 과장하여 말하다	11	(1과)
扩大 kuòdà	확대하다, 넓히다	36	(3과)

L

来临 láilín	이르다, 도래하다, 다가오다	22	(2과)
浪费 làngfèi	낭비하다	15	(1과)
老板 lǎobǎn	사장, 업주, 보스(boss)	99	(8과)
乐观 lèguān	낙관적(이다), 낙관(하다)	36	(3과)
离不开 lí bu kāi	떨어질 수 없다, 떨어지지 못한다	59	(5과)
理想 lǐxiǎng	이상(적이다)	28	(2과)
理性 lǐxìng	이성(적이다), 지적이다, 합리적이다	99	(8과)
利益 lìyì	이익, 이득	88	(7과)
利用 lìyòng	이용(하다), 활용(하다), 응용(하다)	63	(5과)
例如 lìrú	예를 들면, 예컨대	15	(1과)
连接 liánjiē	연결하다, 접속하다, 잇다	87	(7과)

脸 liǎn	얼굴	23 (2과)
良好 liánghǎo	양호하다, 좋다	27 (2과)
亮丽 liànglì	밝고 아름답다, 아름답다	22 (2과)
临近 línjìn	(시간, 거리상) 접근하다, 근접하다	74 (6과)
临时 línshí	임시, 잠시	10 (1과)
聆听者 língtīngzhě	경청자	95 (8과)
零花钱 línghuāqián	용돈	38 (3과)
领导 lǐngdǎo	지도자, 리더	94 (8과)
另外 lìngwài	그밖에, 또, 그외에	63 (5과)
流传 liúchuán	유전하다, 널리 퍼지다	11 (1과)
露营 lùyíng	캠프(하다), 야영(하다)	47 (4과)
旅途 lǚtú	여정, 여행 도중	47 (4과)
绿色出行 lǜsè chūxíng	녹색 모빌리티, 친환경 교통수단	15 (1과)

M

慢跑 mànpǎo	조깅, 천천히 달리기	27 (2과)
忙碌 mánglù	바쁘다, 분주하다	12 (1과)
忙忙碌碌 mángmánglùlù	매우 분주한, 대단히 바쁜	58 (5과)
矛盾 máodùn	모순(되다)	95 (8과)
每当 měidāng	~할 때마다	22 (2과)
美好 měihǎo	좋다, 행복하다, 아름답다	50 (4과)
美景 měijǐng	아름다운 풍경	47 (4과)
美丽 měilì	미려하다, 아름답다	59 (5과)
美食 měishí	맛있는 음식	11 (1과)
美味 měiwèi	맛있는 음식, 맛이 좋다	11 (1과)
魅力 mèilì	매력	76 (6과)
门票 ménpiào	입장권	74 (6과)
免费 miǎnfèi	무료로 하다	74 (6과)
面对 miànduì	마주하다, 직면하다	34 (3과)
秒没 miǎo méi	몇 초 사이에 없어지다	75 (6과)
名胜古迹 míngshèng gǔjì	명승고적	47 (4과)
明确 míngquè	명확하다, 명확하게 하다	98 (8과)
目前 mùqián	현재, 지금	62 (5과)

N

难题 nántí	곤란한 문제, 어려운 문제, 난제	22 (2과)
难忘 nánwàng	잊기 어렵다, 잊을 수 없다	40 (3과)
难以 nányǐ	~하기 어렵다	75 (6과)
内心 nèixīn	마음(속), 내심	94 (8과)
内心世界 nèixīn shìjiè	내면 세계, 내적 세계	71 (6과)
能量 néngliàng	에너지	14 (1과)
年纪 niánjì	연령, 나이	84 (7과)
凝聚力 níngjùlì	결속력, 응집력	46 (4과)
弄坏 nònghuài	망가뜨리다, 잡치다	94 (8과)

P

拍摄 pāishè	촬영하다, 사진을 찍다	59 (5과)
排放量 páifàngliàng	(액체나 기체의) 배출량	14 (1과)
排解 páijiě	해결하다, 달래다	11 (1과)
排名 páimíng	랭킹, 순위	74 (6과)
判断 pànduàn	판단(하다), 판정(하다)	95 (8과)
庞大 pángdà	방대하다, 거대하다	82 (7과)
跑步 pǎobù	달리기, 구보	27 (2과)
陪伴 péibàn	동반하다, 함께 있다	11 (1과)
批评 pīpíng	비판하다, 꾸짖다, 주의를 주다	94 (8과)
皮肤 pífū	피부	23 (2과)
票 piào	표, 티켓	74 (6과)

단어 색인

品牌 pǐnpái	브랜드	83 (7과)
品质 pǐnzhì	품성, 인품, 품질	51 (4과)
平淡 píngdàn	평범하다, 수수하다	59 (5과)
平凡 píngfán	평범하다	59 (5과)
平衡 pínghéng	평형 (되게 하다), 균형 (있게 하다)	27 (2과)
平静 píngjìng	평온하다, 차분하다, 조용하다	71 (6과)
评论 pínglùn	평론(하다), 논평	51 (4과)
破坏 pòhuài	훼손하다, 손해를 입히다, 파괴하다	75 (6과)
葡萄 pútao	포도	24 (2과)
普及 pǔjí	보급되다, 대중화시키다	63 (5과)

Q

期间 qījiān	기간	27 (2과)
其实 qíshí	사실은, 실제는	39 (3과)
其中 qízhōng	그 중	24 (2과)
企业 qǐyè	기업	82 (7과)
前列 qiánliè	전열, 앞의 줄	74 (6과)
潜意识 qiányìshí	잠재의식, 무의식	94 (8과)
强大 qiángdà	강대하다	82 (7과)
强调 qiángdiào	강조하다	71 (6과)
倾向 qīngxiàng	경향, 추세	84 (7과)
情感 qínggǎn	정감, 감정, 느낌	51 (4과)
情绪 qíngxù	정서, 기분	94 (8과)
请假 qǐngjià	휴가를 신청하다	96 (8과)
取代 qǔdài	대체하다, 대신하다	86 (7과)
取得 qǔdé	얻다, 획득하다	27 (2과)
趣味 qùwèi	흥취, 흥미, 취미, 기호	47 (4과)
全部 quánbù	전부(의)	64 (5과)
全球 quánqiú	전 세계, 전 지구	74 (6과)
权益 quányì	권익, 권리와 이익	100 (8과)

| 缺点 quēdiǎn | 결점, 단점 | 96 (8과) |
| 确保 quèbǎo | 확보(하다), 확실히 보증하다 | 88 (7과) |

R

然而 rán'ér	그렇지만, 그러나, 그런데	10 (1과)
热爱 rè'ài	열렬히 사랑하다, 애정, 애착	11 (1과)
热潮 rècháo	열기, (최)고조, 붐	74 (6과)
热量 rèliàng	열량, 칼로리	27 (2과)
热情 rèqíng	친절하다, 열정적이다	88 (7과)
人工 réngōng	인공의, 인위적인	62 (5과)
人类 rénlèi	인류	62 (5과)
人世间 rénshìjiān	인간 세상, 세상	50 (4과)
人数 rénshù	사람 수	48 (4과)
人体 réntǐ	인체	23 (2과)
人物 rénwù	인물	60 (5과)
人像 rénxiàng	초상, 인물상	59 (5과)
认可 rènkě	승낙(하다), 인가(하다), 허가(하다)	72 (6과)
任务 rènwu	임무, 책무	99 (8과)
扔掉 rēngdiào	던져버리다, 내버리다	16 (1과)
日常生活 rìcháng shēnghuó	일상생활	14 (1과)
如何 rúhé	어떻게, 어떤, 어떻게 하면	95 (8과)

S

赛事 sàishì	시합, 대회, 경기	47 (4과)
散步 sànbù	산보하다, 산책하다	71 (6과)
色彩 sècǎi	색채, 경향	60 (5과)
晒黑 shàihēi	볕에 타다, 피부가 타다	23 (2과)
伤害 shānghài	상해하다, 손상시키다	24 (2과)
伤心 shāngxīn	상심하다, 슬퍼하다, 마음 아파하다	11 (1과)
社交活动 shèjiāo huódòng	사교 활동	51 (4과)

社交媒体 shèjiāo méitǐ	소셜 미디어	51 (4과)
摄入 shèrù	섭취하다	27 (2과)
摄影 shèyǐng	촬영(하다)	58 (5과)
身边 shēnbiān	신변, 몸	59 (5과)
身心 shēnxīn	심신, 몸과 마음	47 (4과)
甚至 shènzhì	심지어, 더욱이	10 (1과)
生存环境 shēngcún huánjìng	생존 환경	15 (1과)
生气 shēngqì	화내다, 성내다	95 (8과)
失恋 shīliàn	실연(하다)	11 (1과)
失去 shīqù	잃다, 잃어버리다	11 (1과)
十分 shífēn	매우, 대단히	10 (1과)
时代 shídài	시대, 시기, 시절	59 (5과)
时光 shíguāng	시간, 때, 시기, 시절	71 (6과)
实践 shíjiàn	실천(하다), 실행(하다), 이행(하다)	16 (1과)
实体店 shítǐdiàn	오프라인 매장	86 (7과)
实现 shíxiàn	실현하다, 달성하다	72 (6과)
实行 shíxíng	실행하다	74 (6과)
食物 shíwù	음식물	11 (1과)
使得 shǐde	~한 결과를 낳다, ~하게 하다	63 (5과)
始终 shǐzhōng	시종, 언제나, 늘	59 (5과)
市场 shìchǎng	시장	23 (2과)
式 shì	식, 양식	47 (4과)
事实上 shìshíshang	사실상, 실제	75 (6과)
试穿 shìchuān	입어 보다	87 (7과)
试用 shìyòng	시용, (물건을) 사용하다	87 (7과)
是否 shìfǒu	~인지 아닌지	98 (8과)
适当 shìdàng	적당하다, 적절하다, 알맞다	63 (5과)
适合 shìhé	적합하다, 부합하다, 알맞다, 적절하다	71 (6과)
适应力 shìyìnglì	적응력	35 (3과)
适用性 shìyòngxìng	적합성	87 (7과)
室内 shìnèi	실내	46 (4과)
收获 shōuhuò	거두다, 결실을 맺다, 얻다	96 (8과)
手段 shǒuduàn	수단, 방법, 수법	59 (5과)
手机 shǒujī	핸드폰, 휴대전화	58 (5과)
舒适 shūshì	기분이 좋다, 쾌적하다, 편하다	71 (6과)
暑期 shǔqī	하계, 여름 방학 기간	74 (6과)
数据 shùjù	데이터, 통계 수치	74 (6과)
数量 shùliàng	수량, 양	82 (7과)
数字化 shùzìhuà	디지털화	86 (7과)
双学位 shuāngxuéwèi	(두 가지 전공을 이수하고 수여받은) 두 개의 학위	35 (3과)
水果 shuǐguǒ	과일	28 (2과)
水平 shuǐpíng	수준, 레벨	76 (6과)
水源 shuǐyuán	수원	15 (1과)
水资源 shuǐzīyuán	수자원	15 (1과)
说法 shuōfa	의견, 견해	11 (1과)
松弛 sōngchí	느슨하게 하다, 풀다, 이완하다	72 (6과)
送货上门 sònghuò shàngmén	택배, 문앞 배달	88 (7과)
搜索 sōusuǒ	수색(하다), 찾다, 검색하다	75 (6과)
速度 sùdù	속도	76 (6과)
塑料袋 sùliàodài	비닐봉지	15 (1과)
塑料制品 sùliào zhìpǐn	플라스틱 제품	15 (1과)
随便 suíbiàn	마음대로 하다, 좋을대로 하다	12 (1과)
随时 suíshí	수시(로), 언제나, 아무 때나	87 (7과)
损伤 sǔnshāng	손상(하다), 손실(되다)	23 (2과)

단어 색인

T

太阳 tàiyáng	태양, 해, 햇빛	23 (2과)
态度 tàidu	태도	36 (3과)
谈恋爱 tán liàn'ài	연애하다	11 (1과)
碳排放 tànpáifàng	탄소 배출	15 (1과)
讨价还价 tǎojià huánjià	(가격을) 흥정하다	88 (7과)
讨论 tǎolùn	토론(하다)	51 (4과)
提升 tíshēng	높이다, 향상시키다, 끌어올리다	83 (7과)
体会 tǐhuì	체득(하다), 이해(하다)	52 (4과)
体验 tǐyàn	체험(하다)	48 (4과)
替代 tìdài	대체(하다)	62 (5과)
天空 tiānkōng	하늘	60 (5과)
添加 tiānjiā	첨가하다, 보태다	60 (5과)
调整 tiáozhěng	조정하다, 조절하다	36 (3과)
挑战 tiǎozhàn	도전(하다)	28 (2과)
挺 tǐng	매우, 꽤	35 (3과)
通常 tōngcháng	통상, 일반, 보통	70 (6과)
通讯 tōngxùn	통신(하다), 교신	58 (5과)
同学 tóngxué	동창, 학우	38 (3과)
徒步 túbù	도보(하다), 걷다	47 (4과)
途中 túzhōng	도중	59 (5과)
涂抹 túmǒ	칠하다, 바르다	23 (2과)
团队 tuánduì	단체, 팀	46 (4과)
团建 tuánjiàn	팀 빌딩(Team Building) [团队建设의 줄임말]	46 (4과)
推广 tuīguǎng	널리 보급하다, 확충하다, 확대하다	82 (7과)
推荐 tuījiàn	추천하다	83 (7과)
推向 tuīxiàng	끌어올리다, 진출하다	84 (7과)
腿 tuǐ	다리	23 (2과)
退学 tuìxué	퇴학(하다)	36 (3과)

W

外表 wàibiǎo	외모, 외관	27 (2과)
外语 wàiyǔ	외국어	63 (5과)
完全 wánquán	완전히, 전적으로, 전부	63 (5과)
网店 wǎngdiàn	인터넷 상점, 온라인 쇼핑몰	86 (7과)
网红 wǎnghóng	인플루언서	82 (7과)
网络红人 wǎngluò hóngrén	인플루언서	82 (7과)
往往 wǎngwǎng	왕왕, 자주, 흔히, 종종	46 (4과)
忘记 wàngjì	잊어버리다	39 (3과)
微博 wēibó	웨이보, 미니 블로그	83 (7과)
违法 wéifǎ	위법하다, 법을 어기다	76 (6과)
温暖 wēnnuǎn	따뜻하다, 따스하다	50 (4과)
温柔 wēnróu	부드럽고 순하다, 따뜻하고 상냥하다	95 (8과)
稳定 wěndìng	안정시키다, 가라앉히다	96 (8과)
无法 wúfǎ	~할 방법이 없다	75 (6과)
无论 wúlùn	~에도 불구하고, ~에 관계없이	59 (5과)
无趣 wúqù	재미없다, 흥미 없다	46 (4과)
无所谓 wúsuǒwèi	상관없다, 관계없다, 아랑곳없다	11 (1과)
无污染 wúwūrǎn	오염 배출이 없다	15 (1과)
午后 wǔhòu	오후	71 (6과)
物质 wùzhì	물질	72 (6과)

X

西红柿 xīhóngshì	토마토	24 (2과)
吸引 xīyǐn	끌어당기다, 매료시키다	83 (7과)
吸引力 xīyǐnlì	매력, 흡인력	87 (7과)
牺牲 xīshēng	희생(하다)	100 (8과)

단어	병음	뜻	페이지
喜怒哀乐	xǐ nù āi lè	희로애락, 기쁨과 노여움과 슬픔과 즐거움	50 (4과)
夏季	xiàjì	여름철, 하계	22 (2과)
显得	xiǎnde	~하게 보이다, ~인 것처럼 보이다	23 (2과)
显示	xiǎnshì	드러나다, 나타내다, 보여주다	59 (5과)
限制	xiànzhì	제한(하다), 속박(하다), 제약(하다)	87 (7과)
相似	xiāngsì	닮다, 비슷하다	10 (1과)
相同	xiāngtóng	서로 같다, 똑같다	51 (4과)
相投	xiāngtóu	서로 맞다, 의기투합하다	12 (1과)
相信	xiāngxìn	믿다, 신임하다	36 (3과)
享受	xiǎngshòu	향수하다, 누리다, 즐기다	12 (1과)
像……一样	xiàng……yíyàng	~과 같이, ~처럼	63 (5과)
销售	xiāoshòu	팔다, 판매하다	83 (7과)
销售额	xiāoshòu'é	매출액, 판매액	82 (7과)
小说	xiǎoshuō	소설	52 (4과)
效果	xiàoguǒ	효과	23 (2과)
效率	xiàolǜ	효율, 능률	99 (8과)
效益	xiàoyì	효과와 이익, 수익성	84 (7과)
心灵	xīnlíng	마음, 심령	71 (6과)
心态	xīntài	마음가짐, 심리 상태	28 (2과)
心中	xīnzhōng	마음속	96 (8과)
新鲜	xīnxiān	신선하다, 싱싱하다	47 (4과)
信任	xìnrèn	신임(하다)	47 (4과)
行为	xíngwéi	행위, 행동	75 (6과)
形式	xíngshì	형식, 형태	83 (7과)
形象	xíngxiàng	형상, 이미지	83 (7과)
杏仁	xìngrén	아몬드	24 (2과)
幸福感	xìngfúgǎn	행복감	16 (1과)
性格	xìnggé	성격	95 (8과)
休闲	xiūxián	휴식 오락 활동, 레저 활동	52 (4과)
休学	xiūxué	휴학(하다)	36 (3과)
修	xiū	이수하다	35 (3과)
需求	xūqiú	수요, 필요, 요구	16 (1과)
选择	xuǎnzé	선택(하다)	15 (1과)
学会	xuéhuì	습득하다, 배워서 알다	71 (6과)
迅速	xùnsù	신속하다, 재빠르다	59 (5과)

Y

단어	병음	뜻	페이지
压力	yālì	스트레스, 압력	39 (3과)
延长	yáncháng	연장(하다)	76 (6과)
要求	yāoqiú	요구(하다), 요망(하다)	98 (8과)
也许	yěxǔ	어쩌면, 아마, 아마도	96 (8과)
野炊	yěchuī	야외에서 밥을 짓다, 야외 바비큐	47 (4과)
夜场	yèchǎng	야간 개장	76 (6과)
一次性	yícìxìng	일회용	15 (1과)
一日三餐	yírì sāncān	하루 세 끼	27 (2과)
一丝慰藉	yìsī wèijiè	일말의 위안, 작은 위안	12 (1과)
一味	yíwèi	무작정, 무턱대고	88 (7과)
衣物	yīwù	옷과 일상용품	15 (1과)
依靠	yīkào	의지하다, 의존하다	63 (5과)
依赖	yīlài	의지하다, 기대다, 의존하다	63 (5과)
以此	yǐcǐ	그래서, 그러므로, 이 때문에	82 (7과)
以及	yǐjí	및, 그리고, 아울러	35 (3과)
意味着	yìwèizhe	의미하다, 뜻하다	70 (6과)
意义	yìyì	의의, 가치, 보람	36 (3과)
音乐会	yīnyuèhuì	음악회, 콘서트	39 (3과)
引导	yǐndǎo	인도하다, 이끌다	83 (7과)
引起	yǐnqǐ	(주의를) 끌다, 야기하다, 일으키다	26 (2과)

단어 색인

단어 색인

饮食 yǐnshí	음식, 음식을 먹고 마시다 — 27 (2과)
印象 yìnxiàng	인상 — 40 (3과)
英语 Yīngyǔ	영어 — 70 (6과)
迎来 yínglái	맞이하다, 맞다 — 74 (6과)
营养 yíngyǎng	영양, 양분 — 27 (2과)
营造 yíngzào	만들다, 조성하다 — 71 (6과)
影响力 yǐngxiǎnglì	영향력 — 82 (7과)
应对 yìngduì	대응하다, 대처하다 — 48 (4과)
应运而生 yìng yùn ér shēng	시대의 요구에 의해서 나타나다 — 72 (6과)
拥有 yōngyǒu	보유하다, 소유하다, 가지다 — 40 (3과)
勇敢 yǒnggǎn	용감하다 — 99 (8과)
用心 yòngxīn	마음을 쓰다, 심혈을 기울이다 — 59 (5과)
优点 yōudiǎn	장점, 우수한 점 — 36 (3과)
优势 yōushì	우세, 우위, 장점 — 63 (5과)
优雅 yōuyǎ	우아하고 고상하다, 멋스럽다 — 99 (8과)
幽默 yōumò	유머, 익살스럽다, 유머러스하다 — 100 (8과)
悠闲 yōuxián	느긋하다, 한가롭다 — 70 (6과)
由此 yóucǐ	이로써, 이리하여, 이로부터 — 48 (4과)
由于 yóuyú	~때문에, ~로 인하여 — 63 (5과)
游遍 yóubiàn	모두 둘러보며 여행하다 — 60 (5과)
游客 yóukè	관광객, 관람객 — 75 (6과)
游泳 yóuyǒng	수영(하다) — 27 (2과)
友谊 yǒuyì	우애, 우정 — 40 (3과)
有偿 yǒucháng	유상의 — 75 (6과)
有关 yǒuguān	~에 연관되다, ~에 관계되다 — 26 (2과)
有趣 yǒuqù	재미있다, 흥미 있다 — 39 (3과)
有效 yǒuxiào	유효하다, 효력이 있다 — 27 (2과)
有益 yǒuyì	유익하다, 도움이 되다 — 51 (4과)
有助于 yǒuzhù yú	~에 도움이 되다, ~에 유용하다 — 95 (8과)
娱乐 yúlè	오락, 즐거움 — 50 (4과)
与 yǔ	~와, ~랑 — 38 (3과)
语言 yǔyán	언어 — 63 (5과)
预约 yùyuē	예약(하다) — 75 (6과)
员工 yuángōng	종업원, 직원 — 46 (4과)
原本 yuánběn	원래, 본래 — 75 (6과)
原价 yuánjià	원가, 정가 — 75 (6과)
原因 yuányīn	원인 — 75 (6과)
远途 yuǎntú	길이 먼, 장거리의 — 47 (4과)
月亮 yuèliang	달 — 24 (2과)
运用 yùnyòng	운용(하다), 활용(하다), 응용(하다) — 63 (5과)

Z

在于 zàiyú	~에 있다, ~에 달려 있다 — 75 (6과)
暂时 zànshí	잠깐, 잠시, 일시 — 39 (3과)
早餐 zǎocān	아침 식사 — 27 (2과)
造成 zàochéng	만들다, 야기하다, 초래하다 — 23 (2과)
怎么办 zěnme bàn	어떻게 하나, 어쩌지 — 11 (1과)
增加 zēngjiā	증가하다, 더하다, 늘리다 — 51 (4과)
增进 zēngjìn	증진하다, 증진시키다 — 46 (4과)
增强 zēngqiáng	증강하다, 강화하다 — 47 (4과)
增长 zēngzhǎng	늘어나다, 증가하다 — 48 (4과)
宅家 zhái jiā	집에 있다, 집콕 — 50 (4과)
展示 zhǎnshì	전시하다, 보여주다, 선보이다 — 83 (7과)
长肉 zhǎngròu	살이 찌다, 뚱뚱해지다 — 26 (2과)
找寻 zhǎoxún	찾다 — 71 (6과)
照顾 zhàogù	돌보다, 보살펴 주다, 배려하다 — 71 (6과)
照片 zhàopiàn	사진 — 59 (5과)

这样一来 zhèyàng yìlái	이렇게 되면	75 (6과)
真实 zhēnshí	진실하다	72 (6과)
争论 zhēnglùn	논쟁하다, 쟁론하다	100 (8과)
正确 zhèngquè	정확하다, 틀림없다, 옳다	96 (8과)
政策 zhèngcè	정책	74 (6과)
挣钱 zhèngqián	돈을 벌다	39 (3과)
之间 zhījiān	사이	39 (3과)
之前 zhīqián	이전, 예전, 전	35 (3과)
之所以 zhīsuǒyǐ	~의 이유, ~한 까닭	94 (8과)
之一 zhīyī	~중의 하나	87 (7과)
知名度 zhīmíngdù	지명도, 인지도	83 (7과)
直播 zhíbō	생방송(하다), 라이브 방송	83 (7과)
职场 zhíchǎng	직장, 일터	96 (8과)
职业 zhíyè	직업	99 (8과)
植物 zhíwù	식물	60 (5과)
质量 zhìliàng	질, 품질, 질량	16 (1과)
秩序 zhìxù	질서, 순서	75 (6과)
智慧 zhìhuì	지혜, 슬기	51 (4과)
智能 zhìnéng	지능, 스마트	62 (5과)
重视 zhòngshì	중시(하다), 중요시(하다)	82 (7과)
周到 zhōudào	세심하다, 세밀하다	88 (7과)
周末 zhōumò	주말	50 (4과)
逐渐 zhújiàn	점차, 점점	62 (5과)
专业 zhuānyè	(대학 등의) 전공, 학과	34 (3과)
专业人士 zhuānyè rénshì	전문가, 전문 인력	64 (5과)
转 zhuǎn	바꾸다, 전환하다	35 (3과)
转移 zhuǎnyí	옮기다, 전환하다, 바꾸다	95 (8과)
赚 zhuàn	(돈을) 벌다	38 (3과)
追剧 zhuījù	드라마를 시청하다, 본방 사수하다, 몰아보다	50 (4과)
追求 zhuīqiú	추구하다, 지향하다	71 (6과)
追寻 zhuīxún	추적하다, 찾다, 쫓다	59 (5과)
准确 zhǔnquè	정확하다, 확실하다	64 (5과)
准确率 zhǔnquèlǜ	정확도, 적중률	63 (5과)
姿势 zīshì	자세, 포즈	60 (5과)
资料 zīliào	자료	64 (5과)
紫外线 zǐwàixiàn	자외선	23 (2과)
自拍 zìpāi	셀프 촬영, 셀카(셀프 카메라), 셀카를 찍다	59 (5과)
自然风光 zìrán fēngguāng	자연 풍경	60 (5과)
自身 zìshēn	자신, 본인	63 (5과)
自我 zìwǒ	자아, 자기 자신	71 (6과)
自信心 zìxìnxīn	자신감, 자부심	48 (4과)
自在 zìzài	자유롭다, 편안하다, 안락하다	71 (6과)
总结 zǒngjié	총괄(하다), 총결산(하다)	39 (3과)
总数 zǒngshù	총수, 총액	74 (6과)
总之 zǒngzhī	요컨대, 어쨌든, 결론적으로	52 (4과)
走向 zǒuxiàng	~로 가다, ~을 향해 나아가다	62 (5과)
足够 zúgòu	족하다, 충분하다	64 (5과)
组织 zǔzhī	조직(하다), 구성(하다), 결성(하다)	47 (4과)
最佳 zuìjiā	최적이다, 가장 적당하다, 베스트	46 (4과)
尊重 zūnzhòng	존중하다, 중시하다	71 (6과)
作为 zuòwéi	~으로서, ~신분으로, ~자격으로	50 (4과)
做法 zuòfǎ	(만드는) 법, (하는) 방법	95 (8과)

다락원 홈페이지에서
MP3 파일 다운로드 및
실시간 재생 서비스

일상에서 만나는 중국어 독해 -중급-

지은이 왕러(王樂)
펴낸이 정규도
펴낸곳 (주)다락원

초판 1쇄 발행 2025년 8월 8일

기획·편집 오혜령, 이상윤
디자인 구수정
조판 최영란
일러스트 이예지
녹음 王樂, 朴龙君, 권영지

다락원 경기도 파주시 문발로 211
전화 (02)736-2031 (내선 250~252 / 내선 430, 435)
팩스 (02)732-2037
출판등록 1977년 9월 16일 제406-2008-000007호

Copyright ⓒ 2025, 왕러

저자 및 출판사의 허락 없이 이 책의 일부 또는 전부를 무단 복제·전재·발췌할 수 없습니다. 구입 후 철회는 회사 내규에 부합하는 경우에 가능하므로 구입처에 문의하시기 바랍니다. 분실·파손 등에 따른 소비자 피해에 대해서는 공정거래위원회에서 고시한 소비자 분쟁 해결 기준에 따라 보상 가능합니다. 잘못된 책은 바꿔 드립니다.

ISBN 978-89-277-2346-2 14720
978-89-277-2339-4 (set)

www.darakwon.co.kr
다락원 홈페이지를 방문하시면 상세한 출판 정보와 함께 동영상 강좌, MP3 자료 등 다양한 어학 정보를 얻으실 수 있습니다.